JN218222

我、市長選に挑戦す

クリーンで暮らしが第一の
飯塚市政を目指して

小宮 学

海鳥社

発刊にあたって

私は、飯塚市で発生した賭けマージャン事件による市長の辞任に伴う飯塚市長選挙に出馬した。

私の立候補の理由は、賭けマージャン事件の全容を解明することにあり、私の所信は、飯塚市民の暮らしを第一とする飯塚市政を実現することにあった。

選挙結果は、次のとおりだった。

当	26、320	片峯　誠	(60)	無新
	10、609	小幡　俊之	(59)	無新
	8、553	小宮　学	(61)	無新

私は、大差で落選した。

しかし、落選直後の敗戦の弁でも述べたように、私が訴えた「クリーンな飯塚市政への転換」と「市民の暮らしが第一とする飯塚市政への転換」の声は飯塚市民に届いたと思う。今後に必ずつながる。新しい飯塚への出発点となると確信している。

私が尊敬する筑豊じん肺訴訟初代弁護団長の故松本洋一弁護士は、生涯2冊の本を出版された。1冊目は、山野炭鉱ガス爆発訴訟を書いた『爆発のあと』（1982年）であり、2冊目が、2度挑戦し2度とも敗北した北九州市長選挙を書いた『輿にのる人かつぐ人』（1987年）だ。北九州市長選挙に敗北したといっても、私の場合とは異なり、2度とも僅差による敗北だった。

私は、松本洋一弁護士を目指して弁護士生活を送ってきた。

私は筑豊じん肺訴訟が終わった後、『筑豊じん肺訴訟 ― 国とは何かを問うた18年4か月』を書いた。私も、松本洋一弁護士にならって2冊目の本『我、市長選に挑戦す ― クリーンで暮らしが第一の飯塚市政を目指して』を書くこととした。

私が尊敬する人に、東京の山下登司夫《としお》弁護士がいる。山下弁護士は、長く全国じん肺弁護団連絡会幹事長として、全国のじん肺訴訟やアスベスト訴訟をリードされてきた先生だ。

本年6月21日に突然逝去された。

私は、山下弁護士の薫陶を受け、共に筑豊じん肺訴訟、長崎じん肺訴訟、三井松島産業じん肺訴訟、西日本石炭じん肺福岡訴訟・熊本訴訟、全国トンネルじん肺根絶熊本訴訟などを闘ってきた。今回の飯塚市長選挙についても、山下弁護士から物心両面から力強い支援を受けた。

落選後、公職選挙法の関係から選挙権を有する飯塚市民には、お礼状を出していない。本書を、山下登司夫弁護士の霊前に捧げ、私を応援してくださった飯塚市民や全国の方々へのお礼としたい。

２０１７年７月

我、市長選に挑戦す――クリーンで暮らしが第一の飯塚市政を目指して◉目次

市長の賭けマージャン事件発覚

久住山山頂から阿蘇５岳を望む（2017年１月４日）

事件発覚前の私の行動

西日本新聞は、２０１６（平成28）年12月22日付朝刊の１面で「飯塚市長　賭けマージャン」「平日昼に、副市長と」（見出し）と報じた。これは、西日本新聞のスクープ記事である。

私はこのころなにをしていたかというと、12月18日日曜日は、西宮市にある阪神甲子園球場に「甲子園ボウル」の観戦に行った。翌19日は高野山の麓にある紀州（和歌山県）「九度山《くどやま》」観光を楽しんだ。

私は、関西学院大学（関学）法学部の出身だ。法律研究部という文化サークルに所属した。法律研究部時代の友人２人と「甲子園ボウル」の観戦に行った。１人は先輩冨高松雄さん（大分市在住）、１人は同級の橋口秀樹君（所沢市在住）だ。

「甲子園ボウル」とは、全日本大学アメリカンフットボール選手権決勝戦のことだ。正式には、「三菱電機杯　第○回毎日甲子園ボウル」という。私が見に行ったのは第71回だった。

18日は、西日本代表の関西学院大学と東日本代表の早稲田大学が対戦した。関学アメフトのチーム名は「ファイターズ」、早大アメフトのチーム名は「ビッグベアーズ」という。関学ファイターズが31対14で早大ビッグベアーズを圧倒した。

私は、アメフトの観戦が好きだ。私の学生時代、関学ファイターズは、関西では無敵の王者だった。毎年のように関東の王者、日本大学と「甲子園ボウル」で大学日本一をかけて戦っていた。日大アメフトのチーム名は、「フェニックス」という。関学ファイターズと日大フェニックスは、ライバルだった。関学

三菱電機杯 第71回毎日甲子園ボウル（2016年12月18日）

生は関学ファイターズが大好きで、毎年、阪神甲子園球場に「甲子園ボウル」の観戦に行った。

アメフトは、陣地を争うゲームだ。ボールを持って攻撃する側11人（オフェンス）はタッチダウン（6点）またはフィールド・ゴールと呼ばれるキックによる得点（3点）を目指して、相手陣地の最後にあるゴールラインの向こうのエンドゾーンめがけて、あらゆる手段、主にはパスまたはランを使って前に進もうとする。

対する守備する側11人（ディフェンス）は、オフェンスの作戦を読み、少しでもオフェンスをエンドゾーンから遠ざけようとする。オフェンス、ディフェンス共に1プレイ終わるごとに冷静に状況を分析し、それに応じて次の作戦を立て、それぞれの選手が正確に作戦に従いプレイする。

オフェンス側にはまず4回の攻撃権が与えられる。その4回のうち10ヤード以上進むと、新たに4回の攻撃権が与えられる。10ヤード進めないと、攻守交替する。4回目の攻撃は、ディフェンスに備えて、陣地を回復するため、キックをする。4回目の攻撃で、パスまたはランをし、勝負することを「ギャンブル」という。

アメフトは体力戦であり、頭脳戦である。こんな面白いスポーツはない。

また、学生アメフトは、フェアプレーの精神に満ちている。審判の判定には、一切異議を唱えない。早大の選手が負傷し早大ベンチに運ばれると、関学側（3塁側）応援席から拍手を送る。関学の選手が負傷し関学ベンチに運ばれると、早大側（1塁側）応援席から拍手が送られる。

試合が終わればエールの交換をし、関学ファイターズと早大ビッグベアーズの健闘を讃え合う。両選手がフィールドに一列に並び、関学側応援席も早大側応援席も総立ちして、関学の校歌「空の翼」と早大の校歌「都の西北」を合唱した。面白かった。

夜は、大阪梅田の居酒屋で、先輩の丸岡肇さん（神戸市在住）も交えて、4人で関学ファイターズの勝利を祝い、近況を報告し合い、学生時代の話をし、痛飲した。

翌19日は冨高松雄さんと2人で高野山の麓にある紀州「九度山」観光を楽しんだ。

1600（慶長5）年、天下分け目の関ヶ原の合戦で真田幸村は父昌幸と共に西軍に加わり、上田城にあって徳川秀忠の西上を阻止し、徳川秀忠は関ヶ原の合戦に間に合わなかった。真田幸村親子は西軍に加わったため、上田の地を追われ、14年間「九度山」に幽閉された。九度山・真田ミュージアムでは、14年間の幽閉生活がスクリーンで映し出され、その幽閉生活を「雌伏《しふく》」と紹介していた。

真田幸村は、豊臣秀吉の恩義に報いるため、14年間幽閉された紀州「九度山」から大阪城に入り、冬の陣、夏の陣に参戦し、茶臼山付近で激戦の末、壮烈な最期を遂げた、享年49だった。

真田親子が幽閉されていた真田庵

島津家久が故郷への手紙で真田幸村のことを「日《ひの》本一《もといち》の兵《つわもの》」と讃えた。私は戦国武将の中で、真田幸村が一番好きだ。真っ直ぐな真田幸村の生きざまが好きだ。

「九度山」観光を楽しみにして、関学ファイターズが「甲子園ボウル」出場を決めたころから、池波正太郎の『真田太平記』12巻を読み始め、阪神西宮甲子園球場に応援に行く18日の朝、読了した。

市長の賭けマージャン露見

私は、自宅では西日本新聞を取っていた。

紀州「九度山」観光から帰って、3日後の12月22日のことである。西日本新聞は、朝刊1面に飯塚市長と副市長の賭けマージャン事件を大きく報じた。

本文には次のようにある。

「斉藤守史飯塚市長と田中秀哲副市長が平日昼に市庁舎を離れ、賭けマージャンを繰り返していたことが21日、分かった。西日本新聞の取材に対し、2人は『道義的責任はある』と認めた。賭け金は1日1万円程度という。副市長が第三者から市内の元店舗に出入りする画像を突きつけられて交渉を迫られ、飯塚署に相談していた。メンバーには来年4月に市施設の指定管理者となる事業者の社長も含まれていた。

店は普段は営業しておらず、2人が来るときだけ開いていた。2人によると、市長は2006年に就任して以降、副市長も数年前から訪れていたという。

市長と副市長は地方公務員法で規定される特別職で、勤務時間は決まっていない。斉藤市長は取材に対し『市長になってから行っていた。何回かは分からない。開庁中に（役所を）抜け出してマージャンをしていたのには道義的責任がある』と話した。田中副市長は平日午後の公務が入っていないとき、秘書に『昼から休む』と告げて行っていたという。『決裁が滞ることはなく、公務に支障はなかったが、道義的責任は残る』と話している。

動いた金は1日で1人当たり1万円程度といい、2人とも『社会通念上、許される範囲』との認識で、指定管理者の会社社長とは以前からの知り合いと説明した。社長は取材に対し『指定の口利きをお願いしたことは一切ない』と話した。

田中副市長は今年に入り、面識のない人物から店に出入りする画像を提示され『善後策を福岡市内のホテルで考えましょう』と迫られたため、飯塚署に相談していた。金銭的な要求などはなかったという。

斉藤市長は地元食品メーカー社長から06年に初当選し、3期目。田中副市長は市財務部長などを経て10年から現職」

西日本新聞の取材に対する一問一答は次のとおりとされている。

——平日の開庁時間に賭けマージャンをしていた。
斉藤市長　午前中に公務が詰まり、午後は空いていたので休みを届け出てやった。市長になって10年近く、ここでやっていた。
田中副市長　メンバーは親しい仲間で固定している。秘書に午後は休みを取ると伝えた。マージャンに行くとは言っていない。公務に支障はなかった。
——賭けのレートは。
斉藤市長　大きく動いても1日に1万〜1万2千円程度。社会通念上許される範囲だと思っている。
——賭け行為は違法では。
斉藤市長　可能性があると分かっているが範囲があり、今回は許される範囲内だと思う。賭けなかったら全然面白くない。開庁時間にしていたことには道義的責任を感じている。
田中副市長　平日の開庁時間に賭けマージャンをしたことは道義的責任がある。ただ、楽しみは何かないと。違法というのは違うと思う。
——指定管理者もいた。
斉藤市長　ごく近い間柄。家族マージャンのようなもの。口利きをしたことは一切ない。
——今後の進退は。
斉藤市長　今回の件は反省している。
田中副市長　副市長から退く考えはない。私がいると迷惑する人がおり、仕掛けられたと思っている。

私は、驚愕した。

市長と副市長が、営業を廃止しているマージャン店を特別に開けさせ、開庁時に、2017年4月から指定管理者となる社長を含む人たちと、1日一人当たり1万円程度の賭けマージャンをしていたのだ。

現金の賭けマージャン自体、刑法で禁止されている。現金の賭けマージャンをしていたこと自体、市長、副市長の資格はない。指定管理者となる社長は、謎の人物からビデオに撮られていたので、たまたま発覚しただけである。

問題は、市長と副市長が、いったい誰と、元上下水道事業管理者兼元飯塚市議会議員が経営し、今は閉店しているマージャン店を特別に開けさせて、賭けマージャンをしていたかである。飯塚市政についての話をしていたことは明らかではないか。そこに、便宜供与などの不正はなかったのか。

むしろ、副市長が、謎の人物からビデオの画像を提示されて「善後策を福岡市内のホテルで考えましょう」と迫られ、飯塚署に駆け込んだこと自体、市長、副市長には便宜供与などの不正があったのではないかと疑わさせる。

私は、飯塚市民の一人として、飯塚市政はあまりにも不透明であり、飯塚市のトップはデタラメな行政をしていると思った。

12月23日の朝刊では、毎日新聞、朝日新聞、読売新聞が追っかけ記事を書いた。しかし、この段階では、飯塚市民の一人として賭けマージャン事件に関心はあったが、私には関係がないことと思っていた。

飯塚市政治倫理審査会設置へ

２０１６（平成28）年12月27日付西日本新聞は、「進退政倫審に委ねる」との大見出し、「マージャン問題飯塚市長給与を供託」、「『賭け容認』発言は撤回」との小見出しの下、市長と副市長の賭けマージャン問題を次のように報じた。

「開庁中の賭けマージャン問題で、斉藤守史《もりふみ》市長と田中秀哲《ひであき》副市長は26日、定例記者会見で、年明けにも設置される予定の市政治倫理審査会に進退の判断を委ね、辞職勧告が出た場合は応じる考えを示した。判断が示されるまでは、２人の給与を法務局に全額供託する。22日の会見での賭けマージャンを容認する発言については撤回し『賭け事は一円たりともいけない。誤解を招く不用意な発言だった』と謝罪した。市議会が市に設置を申し入れた政倫審は、学識経験者と議員の代表で構成。市人事課で弁護士など委員の選定を進めているが、設置の時期は見通せない状況」

私は、飯塚市のホームページで飯塚市政治倫理条例を調べた。

飯塚市政治倫理審査会（政倫審）には、辞職勧告することができるとの規定はあったが、地方自治法１００条に基づくような強力な調査権限の規定はなかった。政倫審では、賭けマージャン事件の真相究明は到底できないと思った。

しかし、福岡県弁護士会は私を政倫審委員に推薦するだろうと、勝手に考えた。推薦依頼があったときは、委員を引き受けようと考え、今回の賭けマージャン事件には関わらないこととした。

事件発覚後の私の行動

母が２０１６（平成28）年8月12日午前7時ごろに実家（みやま市高田町）の前の庭で転んで、コンクリートに後頭部を打ち、倒れた。救急車でみやま市のヨコクラ病院に搬送されたと、実家を継いでいる弟からの連絡を受け、病院に車で向かった。

小脳出血と判断され、ヨコクラ病院では手術ができないということで、大牟田市立病院に転送されたことを車の中で弟から聞き、大牟田市立病院に直行した。兄弟で、主治医から小脳出血を起こしていること、直ちに漏出した血を抜く手術をしないと命がないことの説明を受け、血を抜く手術をお願いした。

手術は成功したものの、それから母の意識はない。同年9月からヨコクラ病院に入院している。

私は、妻と共に毎週土曜日か日曜日に母の見舞いにみやま市高田町に帰っていた。

飯塚市長の賭けマージャン事件の西日本新聞のスクープ記事が出た翌日の12月23日（天皇誕生日）も、ヨコクラ病院に母を見舞った。母の顔色がよかったので、安心して帰った。

私の趣味は、登山と家庭菜園だ。

翌日の24日（クリスマスイブ）は、福智山《ふくちやま》・鷹取山《たかとりやま》に登った。

福智山山頂（標高９００メートル）を目指す登山ルートはいくつもあるが、この日は、①内ケ磯《うちがそ》、②大《おお》塔《とう》の別れ、③烏落《からすおとし》、④福智山山頂、⑤上野《あがの》越え、⑥鷹取山山頂（標高６３３メートル）、⑦大塔の別れ、

標高1786メートルの久住山山頂（2017年1月4日）

⑧内ヶ磯のコースにした。この日は雲一つない快晴で、空気が澄んでおり、北には洞海湾やスペースワールドが見え、南東には霊峰英彦山《ひこさん》（標高1199メートル）が見え、南には左から順に馬見《まみ》山《やま》（標高977メートル）、屏山《へいざん》（標高926メートル）、古処山《こしょさん》（標高859メートル）の嘉麻《かま》アルプスが見えた。

年が明けて、平成29年1月1日から2日まで泊りがけで実家に帰り、病院に母を見舞った。この日も母の顔色がよかったので、安心した。

翌3日は、自宅で「ライスボウル」のテレビ観戦をした。ライスボウルとは、アメリカンフットボールの大学日本一チームと社会人日本一チームが東京ドームで戦い、日本一を決める決定戦だ。関学ファイターズは、富士通フロンティアーズに30対13で敗れたが、面白かった。

1月4日は九重4山に登った。

久住山山頂（標高1786メートル）を目指す

久住山山頂から阿蘇５岳を望む（2017年１月４日）

いくつもある登山ルートのうち、この日は、①長《ちょう》者原《じゃばる》、②諏蛾守越《すがもりごえ》、③法華院《ほっけいん》温泉山荘、④鉾立峠、⑤白口岳、⑥稲星山山頂（標高１７７４メートル）、⑦久住山山頂、⑧扇ヶ鼻分岐、⑨沓掛山《くつかけやま》山頂（標高１５０３メートル）、⑩牧ノ戸峠のコースにした。

この日も雲一つない快晴で、空気が澄んでおり、稲星山山頂や久住山山頂からは、北東には由布岳（標高１５８３メートル）が、南東には傾山《かたむきやま》、祖《そ》母山《ぼさん》（標高１７５６メートル）が、南には阿蘇５岳が鮮明に見えた。気持ちのいい登山だった。

ただ、私は民主的グループの人たちが飯塚市役所に「市長は辞めろ」と言って、押しかけることは知っていた。私は、政倫審委員を引き受けようと考えていたため、意識的に九重登山をし、飯塚を留守にした。

飯塚市長選への立候補と私の戦略

スタート集会（2017年２月19日）

市長と副市長の辞任

市長は、２０１７（平成29）年1月11日、飯塚市議会の鯉川信二議長に対し、「このたび、一身上の都合により平成29年1月31日をもって飯塚市長を辞職いたしたくここにお願い申し上げます」との辞職願を提出した。副市長も、同日、市長に対し、「このたび、一身上の都合により平成29年1月31日をもって、飯塚副市長を辞職いたしたく、ここにお願い申し上げます」との辞職願を提出した。

1月12日付朝日新聞朝刊によれば、市長と副市長の辞職会見の内容は次の通りである。

――辞職を決意したのはいつか。きっかけは。

市　長「昨日。これ以上、市政を停滞させたくないという思いと、市民に不安を与えたくないという気持ちの中から」

副市長「私もずっと考えていた。思いは一緒なので、一緒に決意した」

――賭けマージャン問題について、警察から聴取を受けたことは。

市長・副市長「ありません」

――昨年末の会見後、どういう声が届いたか。

市　長「相当数のご批判や、心配の電話が入った。それを十二分に受け止めて今回の判断となった」

――（辞職の）決定打になったことは。

市　長「それは数多くある。どれが一番、二番ということではない」

――改めて賭けマージャンについての見解は。

市　長「1円たりともそういう行為をすることはいけない。マージャンに限ったことではなくて、すべてのことに対して」

――（1市4町の）合併から10年の節目を迎え、新庁舎完成を目の前にしての辞職。素直な気持ちは。

市　長「いいまちとして成長してきたような意識が私にはある。今回の私の不祥事が非常に大きな足を引っ張っているのではないかと反省して辞職願になった」

市長および、副市長の辞職は当たり前の話だ。むしろ、遅すぎたくらいだ。

市長と副市長は、開庁時間に賭けマージャンをしていたことの責任を取って辞職したが、私は納得がいかなかった。

確かに、開庁時間に賭けマージャンをしていたことは問題である。現金の賭けマージャンが刑法185条の賭博罪に該当することは、判例・通説である。

しかし、それ以上に、元市議会議員兼元飯塚市上下水道管理者が営業し、廃業していたマージャン店を特別に開けさせ、2017年4月から飯塚市の指定管理者となる者、その他の者と密室でマージャンをしていたことが問題である。そこで便宜供与などの不公正な行政が行われていたのではないかということに、問題の本質はある。

2017年4月から飯塚市の指定管理者となる者とは、飯塚市営の火葬場を運営することになっていた会社の社長のことである。その点を曖昧にしての全国に飯塚市の負のイメージを発信した賭けマージャン事件の幕引きは許されない。

1月19日付朝日新聞朝刊によれば、「飯塚市政トップ2人の賭けマージャン問題を審査する市政治倫理審査会が23日、市役所で開かれる。難航していた委員の人選を終え、市が18日に発表した。審査会は公開される。ただし、『事前の働きかけがある可能性もある』として、委員名は当日まで発表しないという」とある。

続いて、「今回選ばれたのは、県弁護士会筑豊部会が推薦する2人、司法書士会筑豊支部が推薦する1人、県立大学が推薦する1人、議員2人」とあった。私は、福岡県弁護士会筑豊部会から政倫審の委員に推薦されないことが判明した。

教育長の立候補表明

片峯教育長は1月20日、市長に対し、教育長の辞職願を提出し、その直後に飯塚市長選に立候補を表明した。

西日本新聞は1月21日付で「現市政、継承か刷新か」との見出しの下、前教育長が飯塚市長選に無所属で立候補を表明したことを大きく報じた。

その中に、「『ぜひよろしく頼む』。18日、斉藤市長に出馬の意思を伝えた片峯氏は、こう語りかけられたという」とある。

なんのことはない。教育長は、賭けマージャン事件の責任を取って辞職することを表明した市長に出馬の意思を伝え、ぜひよろしく頼むと言われ、出馬を表明したのだ。

その記事には、「初めて経験する自身の選挙戦。政党に支援を求めるかなどは未定だが、麻生太郎副総理兼財務相の事務所には、いち早く協力を求めたことを明らかにした」とある。

なんのことはない。麻生太郎副総理兼財務相の意に沿う市長となることを自ら宣言していた。

同日の毎日新聞は、「市政安定させ発展を」と題して飯塚市長選に片峯教育長が無所属での立候補を表明したことを報じていた。

そこには、「2010年の教育長就任以降7、8回ほど食事代などを賭けてマージャンをやったことを明かし『多くの人から出馬を促されたが、私が出馬できるのか悩んだ』と述べた」とあった。続いて、「片峯氏によると斉藤市長、田中秀哲《ひであき》副市長とも2、3回一緒にマージャンをしたが、業者と同席したことや平日の日中にやったことは『ない』と否定」とあった。

朝日新聞は、「マージャンについては過去10年間に7、8回、うち斉藤市長、田中秀哲副市長を交えて2回ほど、結果的に食事代や場所代を賭ける形でしたと認め、『反省している』『金額の多少に関わらず良くない』と謝罪」とある。続いて、「開庁時間にしたことはなく、市との取引業者との同席もないと説明した」とある。

片峯教育長も賭けマージャンを市長、副市長と共にやっていたのだ。二人は責任をとって辞めたが、教育長も「同じ穴のむじな」ではないか。

しかも、市長、副市長と同じく、いつ、誰と、どこで賭けマージャンをしていたのかが全く判明していない。おそらく、元市議会議員兼元飯塚市上下水道管理者が営業し、廃業したマージャン店なのだろう。自ら市長、副市長と賭けマージャンしたことを認め、市長と麻生太郎副総理兼財務相から押された片峯氏に飯塚市の未来を託していいのか、私は大いに疑問に思った。

片峯氏の立候補表明の記事を見て、私は、飯塚市長選に立候補することを考えはじめた。

小幡俊之氏の立候補表明

小幡俊之氏は、1月14日、飯塚市長選に立候補を表明していた。

西日本新聞は、1月21日付の「現市政、継承か刷新か」との見出しの下、片峯氏の立候補の記事に続いて、小幡氏のことを報じていた。

そこには、「一方の小幡氏は、市議時代から斉藤氏の財政運営やハコモノ行政を批判してきた。2014年の前回市長選では斉藤氏と一騎打ちで戦い、得票率は約35%だった。

14日の出馬会見ではあらためて、合併特例債の使い方や工事発注などの不透明さ、無駄遣いを指摘。斉藤市政を洗い直す考えを示した。『うみを出さないと、負の遺産を引き継ぐことになる』。予算の内容についても『ゼロベースで見直す』とした。

さらに『飯塚を変える。市民の手に市政を取り戻す』と強調。『一部の有力者たちに街を牛耳られたくない』との持論も述べた」とあった。

小幡氏の主張には、一部賛成する部分もあったが、予算の内容について「ゼロベースで見直す」ことなど到底不可能なことだ。民主党が政権を取った後、蓮舫衆議院議員などが先頭に立って一部の予算の見直しを試みたが、国家官僚や自由民主党の反対にあい、なにもできなかったではないか。市長は独裁者ではないし、独裁者であってはならない。

飯塚市の予算も、毎年、市長・副市長・飯塚市の幹部職員によって予算編成が行われ、飯塚市議会の承認を得て、成立している。それを、ゼロベースで見直すことなど到底不可能なことだ。私には、小幡氏は、今流行りのポピュリスト（大衆迎合主義者）としか思えなかった。

私は、小幡氏は飯塚市長に相応しくないと思った。

私の立候補表明

川上直樹・宮嶋つや子両飯塚市議の呼び掛けで、1月22日日曜日午後1時から、イイヅカコミュニティセンターで、市長、副市長の賭けマージャン問題についての意見交換会が開催された。50人超が出席し、約2時間にわたり意見が交わされた。私も出席した。

参加した市民から、クリーンな飯塚市政に転換すること、暮らしが第一の飯塚市に転換することを公約とする第三の候補者を擁立すべきだとの声が上がった。川上・宮嶋両市議は、第三の候補者を擁立したいこと、その場合、野党共闘を目指したいことも表明された。

意見交換会の終了後、私は両市議に飯塚市長選に立候補する意思があること伝え、その場で、無所属で立候補すること、野党共闘を目指すことが決まった。

1月28日土曜日の午後2時から、選挙事務所で飯塚市長選への立候補を表明した。

翌29日付朝日新聞朝刊は、「賭けマージャン問題の真相究明を訴え、『公正で透明な市政運営のために立候補を決意した』と述べた」とある。

続いて、「小宮氏は『辞職すれば良いという問題ではない。誰と賭けマージャンをしていたのかが最も重大。メンバーによっては、不公正な市政運営がなされていた可能性がある』と指摘。さらに『市民の暮らしを応援したい』と述べ、待機児童の解消や高齢者の支援を政策に掲げるとしたほか、白旗山周辺のメガソーラー計画は中止させるとした」とある。

次に、「斉藤市政を継続するのか刷新するのか、という質問には『市長になったら学習する』と述べた。斉藤市政への評価については『中心部に偏った行政が行われ、旧庄内町、旧筑穂町、旧頴田町《かいたまち》に目を向ける必要があるのでは、という感じは持っている』と語った」とある。

事実上の選挙戦が始まった。

政治倫理審査会の審査報告書

1月30日、政倫審は、審査報告書を市長に提出し、解散した。

条例第4条第1号（品位違反）にかかる疑義の審査結果は、次のとおりだった。

「今回の市長及び副市長が指定管理者予定者を含むメンバーと賭けマージャンを行った行為は、その倫理性に問題があることは明らかである。また、一般職員が勤務時間中の市長及び副市長による本件行為は、その執務に対する姿勢等が市民の信頼を著しく失わせるものであって、社会通念上弁明の余地はないものである。

従って、当審査会では、この疑義については条例第4条第1号に違反していると判断するものである」

条例第4条第3号（便宜供与違反）にかかる疑義の審査結果は、次のとおりだった。

「市長及び副市長に出席を求め事情を聴取し、指定管理者予定事業者以外に事業者はいない、便宜供与はないという回答を得た。しかし、これは当審査会における調査権限の範囲内での確認であり、便宜供与の有無の事実を当審査会として確認することはできなかった。そのため、当審査会では、条例第4条第3号にかかる疑義について判断するに至らなかった」

審査報告書は、最後に附帯意見を以下のとおり述べていた。

①今後就任する市長及び副市長は、二度とこのような事態が起こらないように努めることは当然のことであるが、条例制定の目的、責務、政治倫理基準について深く理解し、市民の信託に応え、市政の信頼回復、発展のために全力を注ぐこと。

②市長及び副市長が辞職の意思表明をしたことにより当審査会の役割は薄れており、また、当審査会に与えられている調査権限では真相究明を行うことができないため、これ以上の調査の実施については、その必要性を含め市議会の判断に委ねる。

いずれも私の予想したところであったが、政倫審は、調査権限が限られている中で、精一杯審理を尽くされたと思う。

審査報告書がいうように、後は、新しい飯塚市長や飯塚市議会の問題だ。

同30日午後2時から、飯塚市役所で飯塚市選挙管理委員会による市長選挙立候補予定者への説明会があった。私は、私への支持を表明していた戸畑千珠子さんと2人で説明会に出席した。立候補予定者本人の出席は、私一人だった。

飯塚市選挙管理委員会による説明の内容は全て理解したが、飯塚市選挙管理委員会から膨大な資料を渡され、ただただ資料の多さに驚いた。戸畑さんも、資料の多さに目を白黒されていた。戸畑さんには、告示後は、選挙カーのウグイス嬢も務めてもらった。

故松本洋一弁護士の言葉を胸に

私は、1985（昭和60）年4月に弁護士登録をした。その年の12月に筑豊じん肺訴訟が福岡地方裁判所飯塚支部に提訴され、私も弁護団員となった。

筑豊じん肺訴訟とは、じん肺となった169名の元炭鉱労働者とその遺族が、三井鉱山（現・日本コークス工業）、三菱マテリアル、住友石炭鉱業（現・住石ホールディングス）、古河機械金属、日鉄鉱業の炭鉱企業5社と国を被告とした損害賠償請求裁判である。提訴から18年4か月後の2004（平成16）年4月27日、最後まで和解を拒否した国と日鉄鉱業に全面勝利の最高裁判所判決が下されて終わった。

初代弁護団長は、松本洋一弁護士だった（1991年10月21日死亡）。

松本洋一弁護士は、弁護団会議で常々、「闘いは勢いである。小さくても勢いがある方が勝つ。炭鉱で働き、じん肺になった労働者は何も悪くない。悪いのは、じん肺防止対策を怠った炭鉱企業と炭鉱企業の監督を怠った国であることは明らかだ。皆、被告代理人や裁判官が理不尽なことを言えば、腹を立てて大声を出して怒れ。荒れる法廷になってもかまわない。法廷が混乱すれば、俺が引き取ってまとめるから心配するな」と言われた。

松本弁護士が弁護団会議のたびに「皆、大声を出して国や炭鉱企業を攻撃せよ」と説かれるので、筑豊じん肺訴訟弁護団は、日本一戦闘的な弁護団に成長した。

日本では、選挙で当選するためには、「ジバン（地盤＝支持者の組織）、カンバン（看板＝知名度）、カバン（鞄＝資金）」の「3つのバン」が必要とされている。

私には、「3つのバン」がないことは分かっていた。32年間、弁護士をしてきたというカンバン、筑豊じん肺訴訟弁護団事務局長をしたというカンバンがあるくらいだ。

私は、「闘いは勢いである。小さくても勢いがある方が勝つ」との松本弁護士の言葉を胸に、選挙戦に臨むこととした。

実際に、石炭じん肺患者は全国各地にたくさんいたが、国や財閥企業に闘いを挑んだ筑豊じん肺訴訟に参加した患者数は、たったの169名だった。たったの169名の炭鉱じん肺患者とその遺族が、弁護団や全国の市民と共に闘い、国や財閥企業に全面勝利した。私は、「小さくても勢いがある方が勝つ」ことを体験している。

私は、「3つのバン」がなくても、優れた政策を打ち出せば、筑豊じん肺訴訟のように勢いに乗って勝てると信じて戦った。

梶村晃氏の小宮まなぶサポターズ代表就任

私の法律事務所は弁護士法人ではあるが、弁護士1人、事務員1人の小さな事務所である。私は、1月23日月曜日から飯塚市長選への立候補を表明した1月28日土曜日までの1週間、弁護士業務をしながら、「サポターズ」の結成に向けて走り回った。私が、事務所を留守にしている間、丸山奈穂事務員が一人で事務所を守ってくれた。

まず、梶村晃氏に川上直樹議員と共に支援のお願いに行った。

梶村晃氏は、1986（昭和61）年から1992（平成4）年まで福岡県教職員組合執行委員長を務められた方で、2000年に提訴された中国人強制連行・強制労働事件福岡訴訟を支援する会の代表を務められていた。私も、中国人強制連行・強制労働事件福岡訴訟弁護団の一員ではあった。そのころ、梶村氏と面識ができ、そのお人柄や見識の高さには尊敬の念を抱いていた。

とくに、私が代表世話人の一人をしている「九条の会・筑豊」を設立した2006年からは、会員になっていただき、度々「九条の会・筑豊」の定例学習会の講師をお願いするようになり、親しくお付き合いをさせていただくようになった。

「九条の会・筑豊」とは、井上ひさし（故人）、梅原猛、大江健三郎、奥平康弘（故人）、小田実（故人）、加藤周一（故人）、澤地久枝、鶴見俊輔（故人）、三木睦子（故人）の学者・文化人9氏の「憲法九条を守

2月19日のスタート集会。左から、西村尚志弁護士、著者、梶村晃氏

ろう」との呼び掛けに応じて、憲法9条を守るという1点で結成した、飯塚市民を中心とした市民グループだ。

筑豊じん肺訴訟が終了した後に書いた拙書『筑豊じん肺訴訟 ― 国とは何かを問うた18年4か月』（2008年、海鳥社）を梶村氏に贈呈させていただいたし、梶村氏が書かれた『戦争とアジアと日本を知る本』（2008年、労働大学出版センター）の贈呈を受けた。

私が、「クリーンな飯塚市政への転換」「暮らしが第一の飯塚市への転換」を目指して飯塚市長選に立候補を決意した旨を述べると、梶村氏は、「精一杯支援します」と言われた。

梶村氏の快諾後、私、梶村氏、川上議員の3人は、交友関係のあるあらゆる政党・団体・個人に応援のお願いに回った。相手によっては私一人で、相手によっては3人で支援の要請に行った。

のちに私の支援組織「小宮まなぶサポーターズ」を

結成すると、梶村氏には、その代表に就任してもらい、選挙事務所を構えると、朝から晩まで詰めてもらった。

２月４日の「選挙事務所開き」では決起を促す最終挨拶を、同月12日の立岩公民館４階での「決起集会」では冒頭挨拶を、同月19日の選挙事務所駐車場での「スタート集会」（出陣式）では冒頭挨拶をお願いした。

梶村氏には心から感謝している。

北九州第一法律事務所へ

私は筑豊じん肺訴訟を解決するため、１９８８（昭和63）年、飯塚市の登野城《とのしろ》・江上法律事務所に入所した。私の入所を機に、登野城・江上法律事務所は筑豊合同法律事務所へと名称を変更した。登野城安俊弁護士と江上武幸弁護士は、私が筑豊じん肺訴訟弁護団事務局長の仕事に専念することを支えてくれた。

筑豊合同法律事務所に、西村尚志弁護士が１９９４年（平成６）年に入所した。西村弁護士も、私が弁護団事務局長の仕事に専念することを支えてくれた。

筑豊じん肺訴訟が終了したこともあり、私は２００８年に筑豊合同法律事務所から独立し、小宮法律事務所を開設した。西村弁護士も同じ年に独立し、西村法律事務所を開設した。したがって、私と西村弁護士は、14年間、同じ法律事務所で机を並べて執務した仲だ。困難な民事・家事事件は、私と西村弁護士の共同で受任した。

西村弁護士が政倫審の委員を務めていたため、西村弁護士への応援依頼を控えていたが、政倫審が解散した1月30日に応援依頼をした。

まず、西村弁護士と共に、北九州第一法律事務所に応援依頼に行った。

今は福岡市で業務をしている吉野高幸弁護士（元北九州市長選挙候補者）、門司法律事務所の前野宗俊弁護士、小倉南法律事務所の高木健康《たてやす》弁護士（元北九州市長選挙候補者）、京築法律事務所の中尾晴一弁護士、若戸法律事務所の配川壽好《はいかわひさよし》弁護士、小倉東総合法律事務所の荒牧啓一弁護士（私とは司法修習37期同クラス）、北九州第一法律事務所の前田憲徳《けんとく》弁護士（元北九州市長選挙候補者）の7人が集まってくれた。

西村尚志弁護士（左）と中村博則弁護士の応援
（JR 原田線・上穂波駅。2月21日）

7人の弁護士に私が飯塚市長選挙に立候補を決意した経過を話し、応援を依頼した。7人中3人は元北九州市長選挙の候補者だ。全面的に支援すると言われ、いろいろアドバイスを受けた。

候補者は、選挙準備中も選挙期間中も「自分で車の運転をしてはいけない」という話になり、前野宗俊弁護士は、門司法律事務所の事務員を運転手として派遣することまで申し出てくれた。

その後、西村弁護士と田川第一法律事務所の中村博則弁護士が中心となって、「小宮学を飯塚市長にする弁護士の会」を立ち上げてくれた。

2月12日、午前10時30分から立岩公民館4階で開催した決起集会までに、福岡県弁護士会所属の弁護士を中心として、全国約200人の弁護士から推薦状が集まった。

また、西村弁護士は、推薦した弁護士に街頭宣伝活動の応援弁士をお願いし、応援弁士の飯塚入りの調整も担当してくれた。

森本均氏との出会い

2月4日土曜日の「選挙事務所開き」から門司法律事務所の森本均《ひとし》氏が運転手としてやってきた。

森本氏は、翌5日から毎日、朝7時15分に私を自宅に迎えに来られ、午後8時まで私や応援弁士を乗せて飯塚市内を走り回り、午後8時から午後9時まで選挙事務所で明日の予定の確認をし、午後9時過ぎに私を自宅に送られた。

森本氏は、国労門司闘争団の団員だった。

国労闘争とは、国鉄労働組合員であることを理由にJRに採用されなかった1047人（国労組合員以外を含む）が、不当労働行為であるとし、地方労働委員会に救済を申し立てた事件だ。地方労働委員会（地労委）も中央労働委員会（中労委）も不当労働行為であるとしたが、JR側がそれを不服として中労委を裁判に訴えた。東京地裁も、東京高裁も、最高裁も、法律に基づいた国家的不当労働行為であるため、

1047人の不採用を不当労働行為と認めなかった。

日本の裁判所は間違っている。国鉄労働組合員であることを理由にJRに採用されなかったのは、憲法14条の法の下の平等に反するに決まっているではないか。

「国労闘争団」と「水俣病闘争団」と「じん肺闘争団」は、共闘した。私は、筑豊じん肺訴訟弁護団事務局長として、国労闘争団と共に闘ったし、国労の闘いの顛末を知っていた。だから、私と森本氏は話が合い、すぐに仲良しになった。

もちろん森本氏は知っていたことであったが、私が、「最高裁は3対2だったこと、2人の最高裁判所裁判官が1047人の不採用を不当労働行為とする反対意見を書いたことは、すごいことですよ」と言うと、喜んで聞いていた。

私は敗北したが、森本均氏と前野宗俊弁護士には、心から感謝している。

旧筑穂町馬敷へ

2月17日金曜日の午後から、福岡市の名和田茂生弁護士が応援演説に来た。

横田のミスターマックス飯塚花瀬店北側道路、川津のハローデイ九工大前店北側道路、県営住宅明星寺団地前道路などで拡声器2台を使って街頭宣伝活動をした。

まず、名和田弁護士が私の人柄について語り、賭けマージャン事件の真相究明は私でなければできないことを話し、私は、クリーンな飯塚市政への転換の要《かなめ》は、市4役（市長、副市長、教育長、上下水道事業

飯塚市横田のゲオ飯塚穂波店前で。向かって左は、
「白旗山の豊かな自然を未来につなぐ会」の金丸倍久氏（２月24日）

管理者）や市議会議員の資産公開制度の創設にあることなどを話した。

川津のハローデイ九工大前店北側道路では、九州工業大学情報工学部が目の前にあったものだから、「九州工業大学情報工学部は飯塚が誇る大学だ。九州工業大学情報工学部と近畿大学工学部があるので、飯塚市は学園都市といわれている。現在、九州工業大学情報工学部には、全国から優秀な学生が集まっているが、賭けマージャン事件を起こしたりすれば、飯塚のイメージが悪くなり、全国から優秀な学生が来なくなるではないか」「クリーンな飯塚市政への転換が必要だ」と叫んだ。

夕方6時30分からは、福北ゆたか線の筑前大《ちくぜんだい》分《ぶ》駅前で街頭宣伝活動をした。筑前大分駅前には、住民十数人が集まられていた。

私は、

①旧筑穂町の住民が立ち上がり、最高裁判所

で産業廃棄物の撤去を勝ち取られたことを褒めたたえ、福岡県が最高裁判決に基づいて産業廃棄物の撤去の方法についての住民説明会を開くことが予定されていること

②旧筑穂町内住《ないじゅう》の皆さんからコミュニティバスの復活強化の要請があっており、私が市長になれば、コミュニティバスの復活強化をすること

③筑前大分駅の階段にはスロープがないが、これでは足が悪い高齢者や身体障がい者は筑前大分駅を利用できない。私が市長になれば、直ちにスロープを作ること

などを訴えた。

7時30分に筑前大分駅前での街頭宣伝活動が終わった。名和田弁護士はJRに乗り福岡市に帰った。私は西村弁護士の車に乗せてもらって、自宅に帰ることにした。その車中で西村弁護士が「今から旧筑穂町馬敷《ましき》に行こう」と言った。

旧筑穂町馬敷は、三郡山《さんぐんさん》（標高935メートル）の東側麓にある集落である。

十数年前、私と西村弁護士は、旧筑穂町馬敷の住民数十人から依頼を受け、開発行為の差し止め訴訟をした。馬敷から500メートルくらい三郡山に登った付近の谷（谷の中央には沢が流れていた）を埋め立てて、採草放牧地にするという開発計画だった。福岡県は林地開発許可を出していた。

私と西村弁護士は、旧筑穂町馬敷の住民数十人から、土石流発生の恐れがあるので開発行為の差し止め訴訟をしたいとの相談を受け、その依頼を受けた。

開発計画地に三郡山から流れ出る雨の量と流水面積が基本的争点となった。佐賀大学工学部の岩尾雄四郎教授に協力をお願いし、国土地理院の地図の等高線を読んでもらった。被告が福岡県に提出していた林

地開発許可申請書に書かれていた流水面積は、過少申告していることが判明し、岩尾教授に土石流発生の危険がある、工事も杜撰《ずさん》という意見書を書いてもらい、福岡地裁では、全面勝利した。

ところが控訴審に入り、被告は専門家に依頼して三郡山東側尾根を踏査し、国土地理院の地図の等高線は踏査の結果間違っていることが判明した。したがって、土石流発生の危険はないという意見書を出してきた。

福岡高裁は第三者専門委員を二人選任し、裁判官と第三者専門委員と共に問題とされている尾根を踏査することとなり、山登りをした。

山は、尾根と尾根の間に谷がある。雨は低い方に流れる。だから、尾根が国土地理院の地図の等高線のとおりなのか、被告の意見書のとおりなのかを検証した。尾根の形状からしてこの付近に降った雨は開発計画地に流れ込むのか、それとも北側に流れるのか、一見明らかではなかったが、基本的には北側に流れるという被告の意見書のとおりだった。

雨の流れについて微妙な点もあったし、開発工事の杜撰さもあったので、最後は、被告に土石流対策工事をさせるという内容で和解した（２００９年3月27日）。

私と西村弁護士にとって、思い出に残る裁判だった。

その原告の代表だった大隈秀文さん宅を、突然、西村弁護士の発案で訪問した。私はタスキをかけたまま伺った。大隈さんは近所に住む原告を集めてくれた。そして私に、「昔受けた恩は忘れていません。応援します」と言われた。その後、大隈さんは選挙事務所にやってきて、支持者カードを持って帰られた。

馬敷の方々の多くは、私に1票を入れてくださったと思う。

２月12日、立岩公民館４階で開催した決起集会で挨拶をする著者。
向かって左は高木健康弁護士、その隣は三島典生氏

数々の激励メッセージ

私は、２月４日土曜日の午後２時から選挙事務所の「事務所開き」で激励メッセージを披露しようと計画した。

そこで、１月30日に全国各地の弁護士に「事務所開き」で披露する激励メッセージの送付のお願いをした。全国各地の弁護士といっても、ファクスを送る時間もないので、各地のじん肺弁護団や司法修習37期生の中から各県一人を選んで、激励メッセージの送付のお願いをした。

全国の弁護士から、多くの激励メッセージが送られてきた。

筑豊じん肺訴訟と北海道石炭じん肺訴訟は、共に国と財閥系炭鉱企業を相手に闘った兄弟訴訟である。北海道の肘井《ひじい》博行弁護士からの激励メッセージは、次のとおりである。

御決断に心からの敬意を表します。

出身地であり、先生との御縁からしても、そちらに出向き支援すべきところですが、仕事柄そうもできません。せめて、北の大地から精一杯応援したいと思います。

※五木寛之の「新青春の門」が再開されました。主人公の伊吹信介は最後は筑豊に戻るそうです。作者の年齢からすると、恐らく3年後くらいでしょう。是非、飯塚市長として信介を迎えてやって下さい。

平成29年2月3日

旧北海道石炭じん肺弁護団員
嘉穂高等学校18回生（昭和41年卒）
弁護士　肘　井　博　行

日本中国友好協会福岡県連合会飯塚支部事務局長の松本正氏は、嘉穂高等学校18回生だそうで、肘井弁護士の激励メッセージを持って、嘉穂高等学校18回生に私への支持を訴えて回られた。

旧筑穂町産廃撤去弁護団事務局長で、久留米の柴藤拓也弁護士からの激励メッセージは、次のとおりである。

小宮学先生　がんばってください

小宮学先生は、私の師である馬奈木昭雄先生が所長を務める久留米第一法律事務所の出身ですので、私の兄弟子になります。

被害から目をそむけず、被害者に寄り添いながら、持てる能力をすべて使って、戦略的にものを考え、紛争を解決していく。

これが師の教えですが、小宮学先生は、日ごろからそれを実践されており、私は同じ弁護団で実務を教えていただきました。私は、旧筑穂町の産廃問題に取り組んでいますが、その際にも、小宮学先生の実践的な解決手腕をお手本にしてきました。

ですから、市政に関しても、小宮学先生は、きっと、市民の置かれている現状から目をそむけず、市民に寄り添いながら、経験と識見と情熱をもって、政策を転換し、実行させるに違いありません。

私はそう固く信じています。

旧筑穂町産廃撤去義務付け訴訟弁護団事務局長
弁護士　柴　藤　拓　也

私は、柴藤拓也弁護士の激励メッセージをもって、旧筑穂町を走り回った。

2月6日、私は民進党、公明党、日本共産党、社会民主党、自由党に推薦依頼文を発送した。自由民主党に推薦依頼を求めなかったのは、私が立候補の記者会見をした1月28日、すでに片峯現市長の推薦決定をしていたためだ。

２月19日のスタート集会。前列の椅子に座っている男性は、真島省三衆議院議員

また、日本維新の会に推薦依頼を求めなかったのは、あまりにも政党が離合集散するため、日本維新の会の存在を失念していたためだ。

結局、２月13日、日本共産党だけが私の推薦を決定し、民進党、公明党、社会民主党、自由党は、私の推薦をしなかった。

自由党本部職員の方から２月６日からの週に、「現在、推薦するかどうか検討中です」という途中経過の電話があった。

私が、２月13日、自由党本部職員の方に「私の推薦はどうなりましたでしょうか」との電話を入れると、「検討の結果、推薦しないことになりました」と言われた。推薦しないことになった理由の説明もあったが、自由党にご迷惑をかけるといけないので、この本には書かない。

私は、「はい、わかりました。山本太郎参議院議員個人からの激励メッセージをいただくことはできませんでしょうか」と申し入れところ、自由党本部の職員の方は、「その旨、山本太郎参議院議員に伝えます」と言われた。

2月17日に山本参議院議員から激励メッセージが来た。

山本参議院議員からの激励メッセージは、次のとおりである。

賭け麻雀問題で話題になった飯塚市の市長選に、骨のある候補者が手を挙げた。小宮学さんだ。

炭鉱労働者やその家族の為に飯塚市に移り住み、筑豊じん肺訴訟で勝利した弁護士だ。

社会の中で弱い立場にあったり、取り残されそうな人を放って置けない。

カッコよすぎるではないか。

こんな心を持った方にこそ、政治に関わってほしい。

飯塚の皆さんの為の姿勢を引っ張って戴きたい。

賭け麻雀の当事者たちは辞職を持って真相を葬り去るつもりのようだが、国と大企業5社を相手取り、勝利した弁護士が市長になった日には逃れようがない。

今回の選挙結果から始まる新しい政治によって、「公職に就く者の不正や不正義は必ず正される、逃げ切りは許されない」ということが飯塚から全国に拡がる事を祈っています。

平成29年2月19日

山本太郎

私は嬉しかった。

山本太郎参議院議員は、拙書『筑豊じん肺訴訟――国とは何かを問うた18年4か月』を読まれている。

読まれていなければ、書ける内容ではない。

2月19日日曜日、午前10時からのスタート集会（出陣式）で、山本太郎参議院議員の応援メッセージを披露した。

以後、選挙カーの上での街頭宣伝活動は、

①応援弁士が私が市長にふさわしいことや賭けマージャン問題の真相究明が必要なことを語り

②山本太郎参議院議員の応援メッセージを紹介し

③私が政策を語る

というスタイルに統一した。

私の政策、そして敗北

手づくりの横断幕

賭けマージャン事件の真相究明

私の政策の2本柱は、「クリーンな市政への転換」と「市民の暮らしが第一の市政への転換」だ。

クリーンな市政への転換の第一は、なんといっても飯塚市長選挙が実施されることとなった賭けマージャン事件の真相究明だ。前市長と前副市長は賭けマージャンの責任をとって辞任したが、政倫審が附帯意見で指摘したように、便宜供与などの不公正な行政が行われていなかったのか、真相究明の必要がある。

賭けマージャンの場所は、謎の人物がビデオに撮っていたので、もと上下水道事業管理者兼もと飯塚市議会議員が経営し、閉店しているマージャン店と判明している。

２０１７（平成29）年4月から指定管理者となる会社の社長が参加していたことも、謎の人物がビデオに撮っていたので、判明している。

クリーンな飯塚市政への転換のためには、前市長、前副市長、片峯現市長が、いったい誰と賭けマージャンをしていたのかの真相究明が必要だ。メンバーによっては、便宜供与などの不公正な行政が行われていた疑いが濃厚になる。

2月20日月曜日、午前7時30分から飯塚市役所西側道路で「市民共同小宮まなぶサポターズ」のチラシを飯塚市役所職員に配布した。

午前8時、私は選挙カーの上に乗り、飯塚市役所職員へ呼びかけた。

賭けマージャン事件について、全国各地の市民から約１０００本の抗議の電話が殺到し、市役所の機能が停滞したといわれていること、賭けマージャンをしていたのは、前市長、前副市長、前教育長であって、飯塚市役所の職員の皆さんは決して悪くないこと、クリーンな市政への転換をすること、暮らしが第一の市政に転換すること、そのためには、第一に飯塚市民の声を聴き、飯塚市民に寄り添うこと、第二に飯塚市役所の職員の皆さんの声を聴くこと、と訴えた。

私は、司法修習37期生である。戦前、海軍兵学校卒業生が、何期、何期といったそうである。私の郷土の偉人「伊藤整一大将」は、海軍兵学校39期だ。伊藤整一のことは、吉田満著『提督伊藤整一の生涯』（文藝春秋）に詳しい。

法曹界では、今でも何期、何期という。司法修習同期のつながりは強い。

司法修習37期10組の刑事裁判指導教官は花尻尚氏で、私が尊敬する指導教官だった。花尻教官からは刑事裁判を教わったが、内容は覚えていない。ただ、花尻教官は、「山本周五郎はいいよ。山本周五郎作品はすべていいが、その中でも『虚空遍歴』はいいよ」と言っていた。私は花尻教官の影響を受けて、山本周五郎作品を愛読するようになり、ほとんど読破した。

花尻教官は、その後、札幌高等裁判所長官を務められ、裁判官を退職後、国家公務員倫理審査会長に就かれた。当時、公務員の不祥事が多発していた。

花尻会長は全国の国家公務員に対し、「国家公務員はサムライであるべきだ。清廉でなければならない。公を私より優先させなければならない。倫理規定は最低限度の服務基準に過ぎず、忘れてしまっていてよいくらいなものだ。倫理規定に書いてなければ何をやっても構わないという風潮が一部にあるとすれば、誠に嘆かわしい。公のために働くという高い使命に誇りを持ってほしい。サムライたちよ、頭《こうべ》を高く上げ

飯塚市役所前で（２月20日）

よ」と言われた。

私は、選挙カーの上で、「私の刑事裁判教官だった花尻尚氏は、国家公務員倫理審査会長のとき、『公務員は頭を高く上げよ。誇りを持て』と言われました。どうか、飯塚市役所の職員の皆さん、誇りを持って飯塚市民のために仕事をしてください。私と一緒にクリーンな飯塚市政への転換をする仕事、暮らしが第一の飯塚市政に転換する仕事をしましょう」と訴えた。

朝日新聞2月28日付朝刊は、当選後の片峯現市長について、「選挙戦ではこの問題（賭けマージャン問題のこと）に触れることはなく、真相究明を掲げた2候補を大差で破った。前市長・副市長を調査するかを問われ、『蒸し返すことが今後の市政にとって生産性のあるものではない』と述べた」とある。

当たり前の話だ。自らも賭けマージャンをし、前市長から「よろしく頼む」と言われた片峯現市長に、賭けマージャン問題の真相究明などできるはずがない。飯塚市の賭けマージャン問題は、闇の中に葬り去られた。

飯塚市4役の資産公開制度

クリーンな飯塚市政への転換の要《かなめ》は、資産公開制度にある。

飯塚市は、2007(平成19)年9月の定例市議会において、政治倫理の確立のため市長、副市長、上下水道事業管理者、教育長及び市議会議員について、本人に限り資産を公開する条例を制定した。制定の趣旨は、市民全体の奉仕者として、その人格と倫理の向上に努め自らの高潔性を実証することを目的としていた。

その後、政倫審は、2008年以降、資産公開義務者を本人以外の者に拡大するように審議することを要望してきた。本人以外の者とは、配偶者、同居の親族あるいは確定申告上の扶養義務者の全部または一部の者だ。同年以降、資産公開義務者の配偶者、同居の親族若しくは一定の密接な関係のある法人等からも文章の提出等を求める手続の整備について審議することを要望してきた。

しかし飯塚市議会は、政倫審の意見を一切無視し、突然、2015年12月18日、「資産公開制度を廃止する条例改正案」を提出し、市長、副市長、上下水道事業管理者、教育長及び市議会議員の資産公開制度を廃止してしまった。議案は、江口徹市議らによって議員提案された。西日本新聞によると、江口市議は提案理由について、「資産報告書を閲覧する市民があまりに少ない。抜け道があり、市議の不正が見つかることもなく経費の無駄だ」と話したとある。

抜け道があるから、政倫審は、資産公開の対象を「配偶者、同居の親族」まで拡大するように要望し、文書提出義務の対象を「配偶者、同居の親族、密接な関係にある法人」にまで拡大するように要望してきたのだ。

「資産公開制度を廃止する条例改正案」に賛成した多数派議員は、デタラメだ。

いったんは飯塚市長の資産公開制度も廃止された。ただ、市長については、法律で資産を公開しなければならないとされているため、２０１６年3月28日、新たに「飯塚市長の資産等の公開に関する条例」が制定されて、市長本人に限り、資産公開制度が復活した。

私は、市4役（市長、副市長、教育長、上下水道事業管理者）の資産公開制度は、クリーンな飯塚市政への転換の要だと訴えた。市4役本人だけでなく、政倫審が要望したとおり、市4役の配偶者、同居の親族の資産も公開すると訴えた。さらに、市議会議員の資産も公開すると主張した。

私宛てに、「資産公開を考える会」会長有松賢作氏から質問状が来た。小幡氏、片峯氏にも同じ内容の質問状が届いている。質問は、厳格な市長及び市3役の資産公開制度について、①「制定する」、②「制定しない」の一問だけだ。質問の後に、「※ご意見をお聞かせください」とある。

西日本新聞2月16日付朝刊には、「元市議の小幡俊之氏と小宮学氏は『制定する』と回答。小幡氏は『市長自らが模範を示し、市議の資産公開も含めた条例案を議会へ申し出る』とし、小宮氏は『（当事者以外に）配偶者や同居親族を含める厳格な公開制度の制定は、クリーンな市政に不可欠』とした」とある。

続いて前教育長の片峯氏は、「制定の有無に触れず『市長や三役の資産公開をする意思がある』とし、『市のイメージ回復が急務』と回答した」とある。

この記事の内容から、片峯現市長は、①「制定する」、②「制定しない」のいずれにも、○をつけていないと判断される。明らかに、私及び小幡氏と片峯氏の間には、市四役の資産公開制度についての考え方には大きな違いがある。それなのに新聞各社とも、会の総括としての意見「資産公開　3氏前向き」をそのまま見出しとした。このように選挙民の関心の高い問題については、投票の判断基準となるように各候補の差が分かる表現に努めてほしい。そのほうがアンケートを活かすことにもつながるのではないか。

片峯現市長に変わって4カ月ほど過ぎた6月20日、毎日新聞朝刊は、大見出しに「特別職員資産公開へ」と報じた。

「飯塚市は、市長の資産公開を定めた条例を改正し、特別職の副市長と教育長、企業管理者を対象に加える条例改正案を開会中の市議会定例会に追加提案する。20日の本会議で上程され、総務委員会に付託後、29日の最終日に採決される」

続いて同紙は、「追加提案を受け民進党会派は、公開対象に市議も加えるよう、議案の修正を求める構えで、議論の行方が注目される」とある。

この記事通り、飯塚市議会は定例会最終日の29日、市長の資産公開条例に、新たに副市長、教育長、企業管理者と議員を対象に加える条例改正案を賛成多数で可決した。

市4役の資産公開制度については、ようやく元の制度が復活することとなった。一歩前進ではあるが、私が訴えた市4役の配偶者、同居の親族を含めた資産公開制度には遠く及ばない。

飯塚市長選挙は終わったが、この後も資産公開制度の議論には注目したい。

高齢者に安心を

私の政策の2本柱のもう1本は、「市民の暮らしが第一の市政への転換」だ。

私は、「高齢者に安心」を訴え、その中心政策に「合併後に縮小されたコミュニティバスの運行充実」を置いた。

2月1日木曜日午前10時30分に、飯塚市内住《ないじゅう》老人クラブ会長の和田英一さんが、法律事務所に「飯塚市周辺地域の交通弱者や障害者支援に関する施策について」と題する公開質問書を持参して訪問された。話を聞くと、2012年3月に筑穂地区内住線のコミュニティバスが廃止されたが、旧筑穂町内住地区の自家用車を持っていない、運転もできない高齢者は、飯塚市役所、イイヅカコスモスコモン（イイヅカコミュニティセンター）、飯塚病院、イオン穂波ショッピングセンターなどに行けず、困っているということであった。

私は、旧筑穂町内住地区に伺い、皆さんからお話を聞きたいと申し出た。

調べてみると、行財政改革の名の下に、2012年4月1日、コミュニティバス11路線のうち8路線が廃止され、飯塚市中心部の3路線だけとなっていた。

私は妻と共に公開質問書に対する回答書を持参して、2月10日午前10時に内住公民館を訪問した。その日は、飯塚でも雪が降り積もり、内住公民館付近は約5センチの降雪だった。私は、長靴を履いて行った。約20人くらいの内住地区住民に集まっていただき、皆さんから実情を聞いた。

私は、①筑穂地区内住線、筑穂地区米の山線のコミュニティバスを復活させること、②ＪＲ九郎原《くろうばる》駅の停車本数を増やすようにＪＲ九州の社長にお願いに行くことを約束した。集まってくださった住民の方々は、雪が降り積もる中、私が妻と共に内住公民館を訪問し、話を聞いたことに対して大変感謝されていた。前市長は、市長在任中、一度も内住公民館に来なかったし、話さえ聞いてもらえなかったともいわれていた。

飯塚市の中心商店街の百縁市で健康チェックを受ける。後ろの男性は、福岡医療団友の会嘉飯コスモス支部の瓜生良一氏（２月15日）

私は、その後の演説では、２０１２年3月に廃止されたコミュニティバス路線を復活し、充実させることを訴えた。私は落選したが、この政策は、飯塚市民、飯塚市役所の職員、現飯塚市長に届いたと思う。

読売新聞2月28日付朝刊によれば、片峯現市長は、「どの部分を見直し、加速させるか」との質問に対し、「行財政改革は合併後の10年間、市民に我慢ばかりお願いする色合いが強かった。今後は、行革に協力してくれた関係機関や地域にその一部を還元する発想を取り入れる。『協力して良かった。また行政と一緒に何かやっていこう』という意欲がもてるような態勢をつくる」とある。

廃止されたコミュニティバス路線を復活し、充実させると明言されているわけではないが、旧筑穂町、旧庄内町、旧頴田町の住民に寄り添う行政に転換されることを心から期待している。

「高齢者に安心を」ということでは、必要なときに必要な介護の実現も訴えた。

子育て世代をサポート

私は、「子育て世代をサポート」することを訴え、その中心政策に「保育所待機児の解消」を置いた。

飯塚市には、２０１７（平成29）年2月1日現在で99人の保育所待機児がいる。若い母親が、働きたくても子供を預ける保育所がなくて働けない状況がある。

私は、飯塚市営の保育所を作り、99人の保育所待機児を解消すると訴えた。

そのほか、保育料の引下げ、少人数学級の実現、障がい児への支援充実、子供医療費助成の充実を訴えた。

告示後の2月22日水曜日の午後4時ごろ、サポターズの松本さんの発案で、飯塚市立認定こども園「幸袋こども園」など数か所で、一斉にメガホンで「保育所待機児を解消します」、「保育料を引き下げます」、「働く若い母親をサポートします」と訴えた。私は、「飯塚市長候補小宮まなぶ」のタスキをかけて、「幸袋こども園」で訴え、手を振った。多くの「こども園」児や迎えにきた両親が、手を振り返してくれた。

私が、今回の選挙戦で一番嬉しかったこと、選挙戦を闘う元気をもらったことは、幼稚園児や保育園児、小学生、中学生、高校生が手を振り返してくれたことだ。幼稚園や保育園、小学校、中学校、高校の前では、選挙カーからのウグイス嬢のアナウンスはしなかった。学習の妨げになってはいけないと思ったからだ。ただ、選挙カーの助手席から子供たちに向かって手を振った。多くの子供たちが、手を振り返してくれた。小学生以下は、飯塚市長選挙の意味は分かっていないとは思うが、子供たちが手を振ってくれたことが嬉しかったし、元気をもらった。

嘉穂東高校の玄関では、「飯塚市長候補小宮まなぶ」のタスキをかけて、メガホンで「高校生の皆さん、大学受験頑張ってください」と訴えた。18歳から選挙権があるから訴えたのだが、声をかけて話をしてみると、ほとんどが18歳未満の高校生だった。その中に元気のいい男子高校生がいて、大声で「この人、弁護士ばい。親にこの人に入れるようにいおう」と友達の高校生に呼びかけていた。何人もの女子高校生から「頑張ってください。応援しています」と言われた。

百縁市の出店者から話をうかがう（２月15日）

新飯塚駅構内で、何度も小宮まなぶサポーズ発行のチラシを配り、「お仕事ご苦労さまでした」「お帰りなさい」と叫んだが、ここでも何人もの若い女性から「頑張ってください。応援しています」と言われ、握手をした。

気のせいかもしれないが、今度の選挙戦を通じ、若い世代ほど、男性よりも女性ほど、「クリーンな市政への転換」「市民の暮らしが第一の市政への転換」を訴えた私の政策を聞いてくれたと感じた。

小学校・中学校にエアコンを設置する

2月19日の告示後は連日応援弁護士が入ってきた。2月20日に福岡市の村井正昭弁護士が応援弁論に来た。選挙カーの上で、村井正昭弁護士が私の人柄や賭けマージャン事件の問題点を話し、宮嶋つや子議員が山本太郎参議院議員の「応援メッセージ」を紹介し、私が市4役の資産公開制度の実現がクリーンな飯塚市政への転換の要であることなど、選挙公約を訴えた。

村井弁護士が選挙カーの上で、私に「福岡市では数年前に小・中学校にエアコンが整備された。飯塚市は福岡市より夏は暑いし、冬は寒いが、飯塚はどうなっている」と話しかけてきた。

私は、片峯氏がパンフレットの中で「小・中学校へのエアコン整備」を掲げられているのを知ってはいた。しかし私は調査していなかったので、即答ができなかった。そこで、宮嶋つや子議員に聞いたり、市の関係者に尋ねたりしたところ、「整備されていない。補助金があるので、直ちに整備できる」ということだった。

このことが分かってからは、村井弁護士も私も選挙カーの上で、「飯塚市は福岡市より夏は暑いし、冬は寒い。福岡市の小・中学校にはエアコンが整備された。小・中学生が真夏、真冬に勉強できないではないか。前市長は、この10年間いったい何をしていた」と叫びだした。

2月25日の選挙期間最終日には、原田直子、伊黒忠昭、野林《のばやし》信行、中村博則、西村尚志の5人の応援弁護士がやってきた。原田、伊黒、野林の3人の弁護士は、筑豊じん肺訴訟を闘った弁護団の同士だ。筑豊じん肺弁護団員は、法廷内の闘いと共に、法廷外でも闘った。石炭政策を管掌した経済産業省（旧通商産業省）の前で、じん肺対策を管掌した厚生労働省（旧労働省）の前で、日本コークス工業（旧三井鉱山）の本社前で、三菱マテリアルの本社前で、住石ホールディングス（旧住友石炭鉱業）の本社前で、古河機械金属の本社前で、日鉄鉱業の本社前で、宣伝カーの上から、筑豊じん肺訴訟の早期解決を訴えた。皆さん、選挙カーの上からの応援弁論は初めての経験だったと思うが、私たちは歴戦の闘士だ。

村井正昭弁護士（右）の応援（幸袋・白旗団地。２月20日）

午前11時からイオン穂波ショッピングセンター西側正門前で、選挙カーの上から訴えた。

原田直子弁護士は、「私は現在福岡県弁護士会の会長をしておりますが、福岡県弁護士会を代表してではなく、友人の弁護士として応援に来ました」と断って、話し始めた。

筑豊じん肺訴訟を共に闘い勝利したことを話し、私のことを「すぐに怒り出し」「すぐに泣き出す人」と紹介した。筑豊じん肺訴訟弁護団員は、故松本洋一弁護士の薫陶があり、岩城邦治弁護士、江上武幸弁護士、村井正昭弁護士、稲村晴夫弁護士など、法廷では国の代理人や裁判官に向かって、法廷外では国家官僚や炭鉱企業の担当者に向かってすぐに怒り出す人が多かった。私は、弁護団員の中では穏やか方だと思っていたが、原田弁護士は私のことを「すぐに怒り出す人」と評した。

すぐに泣き出す人というのは、当たっている。筑豊じん肺訴訟などの職業病裁判や水俣病などの公害裁判では、「被害に始まって被害に終わる」という格言がある。被害を裁判官に理解してもらうのが最も重要だという意味だ。

筑豊じん肺訴訟弁護団は、被害を裁判官に理解してもらうこと、裁判官に法廷で涙を流させることを目標にして、意見陳述や原告本人尋問をした。

じん肺患者本人は、妻や子供に看病の苦労をかけたことや、じん肺にかかってから労災給付を受けるまでの生活苦について尋問すると、泣き出した。じん肺患者の妻は、夫がじん肺を患ったため、子供に苦労をかけたことを尋問すると、泣き出した。

裁判官は、決して泣かない。胸が詰まると、うつむいて、涙が出るのを我慢する。筑豊じん肺訴訟弁護団の中で、一番先に泣き出すのが、私と黒崎合同法律事務所の安部千春弁護士だった。私と安部弁護士は、よく言えば、「感受性が豊か」ということになるが、悪く言えば「涙腺が弱い」ということになる。

原田直子弁護士は、「小宮弁護士はすぐに怒り出す人」に続いて「正義感が強く相手が誰であろうと、決して屈しない人」と評した。そして「すぐに泣き出す人」に続いて「じん肺患者に寄り添った経験から飯塚市民に寄り添う市長となることは間違いない。クリーンな飯塚市政への転換は小宮弁護士にしかできない」と力説した。

原田弁護士に続いて私が訴えた。10分演説を心掛けていたが、気合が入ると20分近くになった。最終盤になると、1月21日付毎日新聞朝刊を左手に持ち、片峯氏が賭けマージャンを前市長、前副市長とやっていたということを記事のとおりに読み、前市長、前市長は責任をとって辞めた、同じく賭けマージャンをしていた片峯前教育長には「市長の資格はない」と大声で叫んだ。

また、小・中学校にエアコンを直ちに導入することを訴えた。「小・中学生が飯塚の暑い夏、寒い冬に勉強できないではないか。前市長は、この10年間いったい何をしていた」と叫んだ。すると、選挙カーの上にいた、原田、伊黒、野林の3弁護士らが、すかさず「マージャンしていた」と合いの手をいれた。

2月25日の選挙期間最終日の午後5時からイオン穂波ショッピングセンター南側玄関前で、最後の街頭演説をした。梶村晃サポーターズ代表、サポーターズの田中授郎僧侶、伊黒忠昭弁護士、原田直子弁護士、私が選挙カーに上がった。

伊黒忠昭弁護士は、筑豊じん肺訴訟を共に闘った同士だ。伊黒弁護士の声は大きい。筑豊じん肺訴訟の通産省の役人に対する証人尋問を伊黒弁護士が担当した。証人に証拠書類を示しながら尋問するときは、証人席の横に行く。

伊黒弁護士は証拠書類を示しながらの尋問が終わっても、証人席の横から原告代理人席に戻らないで、証人席の横から尋問を続けた。証人席の横から大声で証人に尋問すると、通産省の役人にとってはほとんど威嚇である。裁判長から、何度も、「原告代理人、原告代理人席にお戻りください」と注意を受け、そ

2016年の「なくせじん肺全国キャラバン」

のたびに原告弁護団員は爆笑していた。

伊黒弁護士は、選挙カーの上から、賭けマージャン問題の問題点はなにかについて語り、クリーンな飯塚市政への転換には小宮弁護士が市長になるしかないと絶叫した。

伊黒弁護士の後に続いた私も気合が入り、政策を語った。最後に「筑豊じん肺訴訟弁護団事務局長として、三菱マテリアルなどの大企業と直接交渉をし、勝利的和解を勝ち取った。私には、32年間の弁護士としても経験もあるし、三菱マテリアルなどの大企業と交渉する能力もあるし、実行力もある。市長に押し上げてください」と訴えた。そして、「子供たちが飯塚に生まれてよかったと思える、誇りを持てる町にします。子供たちが飯塚で生まれ育ち、東京や大阪に出て行ってもいいと思う。その場合、我が故郷は筑豊、我が故郷は飯塚と誇れる町にします」と言って、結んだ。

最後は、原田直子弁護士の音頭の下、「こみや」、

「こみや」との大合唱が巻き起こった。

白旗山メガソーラー乱開発ストップ

飯塚市相田《あいだ》と飯塚市中《なか》の境に白旗山（標高163メートル）がある。34ヘクタール（東京ドーム7個分）の森林を伐採し、メガソーラー（大規模太陽光発電）を建設することを一条工務店が計画し、すでに福岡県の林地開発許可を得ている。

私は、買い物はハローデイ九工大前店に行くことが多い。緑ヶ丘団地付近に「メガソーラー建設反対」の立て看板を見ていたので、私は、数年前から白旗山付近の住民の方々が反対運動をされていることを知っていた。

緑ヶ丘団地にある公民館と相田団地にある公民館に行った。

私は、34ヘクタールもの森林を伐採しメガソーラーを建設すれば、自然環境を破壊するのはもちろんのこと、土石流の発生の危険があるではないか、皆さんの運動は正しい、市長になればメガソーラー建設に反対しますと訴えた。

また、筑豊じん肺訴訟の和解の経験談を話し、住民の皆さんを激励した。

「筑豊じん肺訴訟は、1997年4月25日、三菱マテリアルと和解で解決しました。三菱マテリアルは、大槻文平氏や永野健氏といった歴代の日経連（現・日本経団連）会長を輩出した名門の大企業です。三菱マテリアルは、負のイメージを払拭したいと考えて筑豊じん肺訴訟で和解しました。

「白旗山の豊かな自然を未来につなぐ会」の世話人会で（2月18日）

三菱マテリアルは、中国人強制連行・強制労働事件で、日本の最高裁判所で勝訴しながら、最近、負のイメージを払拭したいと考えて和解しました。

一条工務店は、注文住宅メーカーとして全国7位にランキングされている優良企業です。皆さんが、一致団結して闘い、自然破壊を世論に訴えれば、工務店は、住宅の注文が減ります。今が、闘いの正念場です。皆さんが、闘いを継続し、闘いを大きくしていけば、負のイメージを考えて、必ず白旗山のメガソーラー事業から撤退します」

これを訴えている候補者は私一人だった。私は、敗北したが、「白旗山の豊かな自然を未来へ」「メガソーラー乱開発をやめよ」と選挙公約に掲げて、飯塚市民に訴えたことは、飯塚市民に届いたと思う。

3月には市議会が地元住民からの請願を採択

し、地元との合意に基づかない開発の中止を求める決議をした。白旗山付近の飯塚市民の皆さんの闘いは勝利の一歩手前まで来ている。どうか、一致団結されて、闘いを継続・拡大され、メガソーラー乱開発ストップを実現されることを心から願っている。

敗戦の弁

2月25日土曜日の午後8時に選挙運動期間が終了した。

午後8時前に、選挙事務所前の道路から支援してもらった皆さんに挨拶した。

「1月28日土曜日午後2時の立候補表明から今日まで、毎日、九重山に登山をしているようでした。勝利を確信していますが、どんな結果になろうと悔いはありません。支援をしていただいた皆さん、どうも有難うございました」

午後9時ごろから、私は、西村尚志弁護士、中村博則弁護士と共に飯塚市吉原町のスナックに飲みに行った。

スナックで、知らない客から手応えはどうですかと声をかけられた。私は、投票率が50％を超えれば勝利するのではないか、と言った。後から考えると大変甘い予測だったが、私は、本当にそう考えていた。

翌26日の投票日は、午後8時ごろに妻と二人で選挙事務所に行き、開票を待った。

11時ごろ、大差での敗北が判明した。

梶村晃サポーターズ代表の挨拶のあと、敗戦の弁を述べ、支援していただいた方々に心からのお礼を述べた。

朝日新聞2月27日付朝刊は、私の敗戦の弁について、「クリーンな市政への転換と市民の暮らしが第一の市政の実現を訴えた共産推薦の小宮氏。飯塚市堀池の事務所で『精いっぱいやった。私の意見は市民に届いた。今後に必ずつながる。新しい飯塚への出発点になる』と語った。『庶民派弁護士』を強調し、市三役の資産公開の復活・強化、待機児童の解消、コミュニティバスの復活も訴えた」と報じた。

毎日新聞2月28日付朝刊は、私の敗戦の弁について、「落選した小宮学氏（61）は同市堀池の選挙事務所で支持者を前に『クリーンな政治への転換と暮らし第一の飯塚市を目指して戦ってきた。悔いはない。主張は市民に届いた。今日が新しい未来への出発点です』とあいさつ。取材に対し小宮氏は『手応えはすごく感じた。組織力がなく力及ばなかったが、訴えは（私に）入れなかった方にも届いたと思う』と選挙戦を総括。片峯新市長に対しては『賭けマージャン問題を究明してもらい、市長、市議会も含めた資産公開の強化、復活を』と要望した」と報じた。

西日本新聞は、敗戦の弁の取材にも来なかった。

選挙結果

選挙結果は、次のとおりだった。

当　26、320　片峯　誠（60）無新
10、609　小幡　俊之（59）無新

8、553　小宮　学（61）無新

西日本新聞2月28日付朝刊に、飯塚市長選期日前投票の240人アンケートの調査が掲載された。「調査結果からは、初当選した無所属新人で前市教育長の片峯誠氏（60）＝自民、民進、公明推薦＝が党派を超えて幅広い支持を集めたほか、新市長に『市政の信頼回復』を求めて投票した有権者が最も多かったことなどが分かった」とある。

続いて、「支持政党別の投票先では、片峯氏が自民、民進、公明の各党支持者のうち81・2％から支持を得たほか、共産、社民、自由各党からも票を獲得したとみられる。『支持政党なし』と回答した人の中でも最大となる55・6％から支持を集めた。

小幡氏、小宮氏両陣営はそれぞれ支持基盤の保守系、革新系の票の上積みや無党派層への拡大という面で苦戦したとみられる」と報じた。

選挙直後は、たったの8553票と思っていたが、今は「ジバン、カンバン、カバン」のない私が、よく8553票も取ったものだと思っている。

投票率は43・14％だったが、これが50％でも落選していたし、70％でも落選していた。

無党派層の票の取り込みを目指した私の戦略・戦術は、うまくいかなかった。私の事前の票読みは甘かったし、そもそも考えが甘かった。考えが甘く、家族、親戚、弁護士仲間、友人、知人などに多大な迷惑を与えたことは反省しなければならないことかもしれない。

市長選挙で感じた疑問の数々

平治岳から見た坊がつる（手前）と大船山（2017年6月8日）

新聞報道に関するいくつかの疑問

①現市長の賭けマージャン報道に関する疑問

すでに述べたように、西日本新聞は、1月21日付で「現市政、継承か刷新か」と題して飯塚市長選に前教育長の片峯前教育長が無所属での立候補を表明したことを報じた。その中に、「自ら明らかにした市長との賭けマージャンとともに、有権者がどう判断するかは未知数だ」とあった。私は、「自ら明らかにした市長との賭けマージャン」の意味が理解できなかった。

事務所では毎日新聞を取っている。

毎日新聞は、「市政安定させ発展を」と題して飯塚市長選に前教育長が無所属での立候補を表明したことを報じていた。

そこには、「2010年の教育長就任以降7、8回ほど食事代などを賭けてマージャンをやったことを明かし『多くの人から出馬を促されたが、私が出馬できるのか悩んだ』と述べた」とあった。続いて、「片峯氏によると斉藤市長、田中秀哲《ひであき》副市長とも2、3回一緒にマージャンをしたが、業者と同席したことや平日の日中にやったことは『ない』と否定」とあった。

この記事を読んで、現飯塚市長は、賭けマージャンを前市長、前副市長と共にやっていたのだ。しかも、前市長、前副市長と同じく、いつ、誰と、どこで賭けマージャンをしていたのかが全く判明していない。

私は、朝日新聞と読売新聞をコンビニから買ってきて読んだ。

朝日新聞は、片峯現飯塚市長が市政の継続を掲げて立候補表明したことを報じ、「マージャンについては、過去10年間に7、8回、うち前市長、前副市長を交えて2回ほど、結果的に食事代や場所代を賭ける形でしたと認め、『反省している』『金額の多少に関わらず良くない』と謝罪」とある。続いて、「開庁時間にしたことはなく、市の取引業者との同席もないと説明した」とある。

読売新聞は、「飯塚市長選に市教育長出馬へ」として「片峯氏は記者会見で、斉藤市長、田中秀哲副市長と（69）と賭けマージャンをしたことがあると明かし、『反省している。市民の審判を仰ぎたい』と述べた」。飯塚市長選に「現市政の継承を訴え」て片峯氏が出馬表明したことを報じ、「片峯氏は、自らの賭けマージャンについて『私が市長選に出馬できるのか、自問自答を繰り返した。私をはじめ、市役所全体の倫理観向上に努めたい』と述べた」とある。

毎日新聞も、朝日新聞も、読売新聞も、片峯氏が賭けマージャンをしていたことを報じていた。西日本新聞だけが明確に報じていなかった。

報道各社は、飯塚市長選の立候補予定者に「政策に関するアンケート」を求めてきた。弁護士法人いいづか小宮法律事務所にも郵送するか、あるいは持参してきた。

ところが、西日本新聞社だけは、2月17日までに回答をせよと、2月9日にファクスで「政策に関するアンケート」を送りつけてきた。

私は、2月17日金曜日午前9時ごろ「政策に関するアンケート」を西日本新聞社筑豊総局に持参した。当時の筑豊総局長がいた。

私は、「毎日新聞、朝日新聞、読売新聞が、片峯前教育長が賭けマージャンをしていたことを報じているのに、なぜ西日本新聞は報じないのですか」と尋ねた。総局長は概ね「我が社の自由です」と返事をされた。

私は、「ほう、我が社の自由ですか」と独り言のようにつぶやき、西日本新聞社筑豊総局をあとにした。

片峯前教育長は、飯塚市長選出馬への記者会見で各新聞社に同じことをいわれている。なぜ、西日本新聞は、現飯塚市長が前市長、前副市長と共に賭けマージャンをしたことを報じなかったのか。

新聞とは、憲法21条が定める国民の「知る権利」のために、真実を報じるものであろう。

西日本新聞は、この点に関して真実を報道しなかった。

②行政経験とは何か
歴代の西日本新聞筑豊総局長は、「かわすじ今日談」というコラム欄をもっている。私は、長年の「かわすじ今日談」の愛読者だ。

告示の日、当時の西日本新聞筑豊総局長は、飯塚市長選挙について論じ、「選挙に名乗りを上げた3氏はいずれも行政経験に乏しく、手腕は未知数だ。鍵を握るのは執行部の顔ぶれではないか。

そこで提案だ。3氏は選挙後直ちに決めねばならない、副市長と教育長を明らかにしてはどうか。キャビネット（執行部）の骨格が判明すれば、未来図の達成に向けた本気度がうかがえようというものだ」と報じた。

まず、「行政経験に乏しく」とは、いったい何を言いたいのだろうか。行政経験に乏しい人は、飯塚市長にふさわしくないとでもいいたいのか。飯塚市長選に初出馬する人は、行政経験に乏しいことは当たり前のことではないのか。それとも、飯塚市の幹部職員、福岡県の幹部職員、国の幹部職員（官僚）などの公務員以外は、飯塚市長にふさわしくないとでもいいたいのか。社会常識を疑う。

次に、提案部分については、無理難題だと思う。

私は、1月28日に飯塚市長選出馬への記者会見をし、選挙の準備をしながら、飯塚市政について勉強を開始した。2月19日告示、2月26日投開票である。私は、政策を発表し、飯塚市内を、告示前は秘書の車で、告示後は宣伝カーで走り回った。選挙期間中に、副市長と教育長という重要人事を発表できるわけがない。だが、提案部分については、一つの意見だろう。

しかし、「選挙に名乗りを上げた3氏はいずれも行政経験に乏しく」というくだりは、誤報と言える。片峯現飯塚市長は、平成22年5月から立候補表明した平成29年1月20日までの約7年間、飯塚市教育長という要職を務めていた行政マンだ。

「かわすじ今日談」は、西日本新聞筑豊総局長の見解を述べるコラム欄だ。片峯現飯塚市長が行政経験に乏しいというのは、誤報以外のなにものでもない。西日本新聞の読者に誤ったメッセージを伝えた。

③報道順についての疑問

2月19日の告示日に各候補者は飯塚市選挙管理委員会に立候補を届け出て、選挙管理委員会によって、選挙公報の順番や選挙掲示板に貼るポスターの順番が決められる。抽選により、①小幡氏、②私、③片峯氏の順番と決まった。以後、報道各社は、この順番で報じた。

なお、告示前は立候補表明の順番で報じられていた。小幡氏が1月14日に出馬を表明した。片峯氏は1月20日、私は1月28日に表明した。したがって、告示前は、小幡氏、片峯氏、私の順番で報じられていた。

2月19日に飯塚市長選が告示された。告示後は、報道各社は飯塚市長選のすべての記事について、小幡氏、私、片峯氏の順番で報じた。

ところがである。

西日本新聞は突如、選挙終盤の2月24日朝刊で、片峯氏、小幡氏、私の順番で報じるというルール違反を犯した。

上段に横組みの大見出しで「飯塚市長選　論戦終盤へ」とある。

その下に縦組みの大文字で、右から順に「片峯氏　手厚い支援に『手応え』」、「小幡氏　『怒りの民意』吸い上げ」、「小宮氏　子育て世代にアピール」とある。

本文には、まず片峯現飯塚市長の記事がある。

「片峯誠氏（60）は連日、合併前の旧飯塚市と旧4町の広域を選挙カーでくまなく回っている。23日夕に遊説先で本紙の取材に応じた片峯氏は『(行く先で) 手応えを感じている。旧町では自治会長がお年寄りたちを集めてくれた。応援がありがたい』と話した。

推薦した自民、民進、公明の各党支持者、教員時代の教え子などが、それぞれ支援の輪を拡大。自身への支持とは別に、『投票率アップ』の呼びかけも進めている」

次に、小幡氏の記事がある。

「小幡俊之氏（59）は市民派を訴え、旧4町で重点的に街頭演説を重ねる。合併後の旧4町の衰退や文所サービスの低下を指摘し、予算のゼロベースからの見直しを主張。賭けマージャン問題の徹底究明についても力を込める。

本紙の取材に、小幡氏は『行く先々で有権者から現市政への不満を聞く。〝怒りの民意〟を拾い集めることが重要』と話し、無党派層のほか保守層の取り込みも狙う。陣営関係者によると、終盤は市中心部での遊説に力を入れる」

最後が、私の記事である。

「小宮学氏(61)は、推薦する共産のほか、社民支持層の一部にも浸透。支援を表明した弁護士有志が応援演説で連日マイクを握る。コミュニティバス路線復活を求める旧町地域住民や、メガソーラー設置事業に反対する団体もそれぞれのネットワークを生かした働きかけを展開する。

陣営担当者によると、告示後は子育て環境改善に向けた訴えも強化。市内各保育所の前に立ち、送迎に訪れた子育て世代に待機児童問題解消などの公約をアピールしている」

なぜ西日本新聞は選挙終盤で、片峯氏、小幡氏、私の順番で報じるというルール違反を犯したのか。有力な順番に報道したかったのだろうかと訝しむ。しかも、片峯氏と小幡氏からは選挙終盤の手応えを聞いているのに、私には取材が一切なかった。このような報道をしたのは西日本新聞のみであった。

私は納得できなかったので、西日本新聞社筑豊総局に2月24日午前中に電話を入れ、2点について質問した。

1点目は、「なぜ、今日の朝刊で、片峯氏、小幡氏、私の順番で報じたのか」を質問した。西日本新聞社筑豊総局の記者は、概ね「我が社の基準で書きました」と言い放った。要するに、選挙のルールを無視

イオン穂波ショッピングセンター前で（2月25日）

しようが、西日本新聞の自由だと言っているのだ。

2点目は、2月19日朝刊の「かわすじ今日談」の「選挙に名乗りを上げた3氏はいずれも行政経験に乏しく」と書いた点は、片峯氏は、約7年間、飯塚市教育長の要職を務めていた行政マンであり、誤報だと指摘した。記者は概ね「片峯氏自身が行政経験に乏しいと言われていますので、そのように書きました」と答えた。「かわすじ今日談」は、西日本新聞筑豊総局長の見解を述べるコラム欄である。片峯氏の見解を書く欄ではない。

電話の途中で、記者から「今から筑豊総局長が説明に行きます」ともいわれたが、選挙終盤のもっとも大切な時期であり、私は選挙カーに乗って走り回っていた。私にはそんな時間はなかった。私は「そんな時間はない」と言って電話を切った。

私は、飯塚市長選挙で敗北したが、西日本新聞の報道のあり方には疑問を抱かざるを得なかった。

西日本新聞社の前身のひとつは、福岡日日新聞社である。福岡日日新聞社には気骨のジャーナリスト菊《きく》竹六鼓《たけろっこ》（1980~1937年）がいた。

1932年5月15日、犬養毅首相が陸海軍将校を中心にしたグループに殺害される5・15事件が起こった。批判を加える報道機関が少ないなか、菊竹六鼓は自由民権を貫き、5月16日夕刊で「首相兇手に斃《たお》る」、翌17日朝刊では「敢えて国民の覚悟を促す」を記し、軍部とファシズムを痛烈に批判した。福岡日日新聞社上空には久留米師団の軍用機が旋回飛行するなど、軍部や右翼からの脅迫や恫喝あったが、それに屈することなく「騒擾《そうじょう》事件と輿論」（5月19日）、「当面の重大問題」（5月20日）、そして「憲政の価値」（5月21日）など、6日連続で軍部の暴走とファシズムを批判した。

西日本新聞は、菊竹六鼓の反骨精神に学び、「襟を正せ」「権力に媚びるな」と言いたい。

公職選挙法への疑問

①公職選挙法第129条

公職選挙法第129条は、選挙運動は、公職の候補者の届出のあった日から当該選挙の期日の前日までなければすることができないと規定し、同条に違反して選挙運動をした者は、1年以下の禁固又は30万円以下の罰金に処するとある（公職選挙法第239条第1項第1号）。

1月28日土曜日の午後2時の飯塚市長選への立候補表明後、事実上の選挙戦が始まった。以後、私は投開票日前日の2月25日まで全力で走り回った。1日も休んではいない。私には、1日も休む時間がなかった。

1月30日午前7時30分から選挙事務所前で第1回目の街頭宣伝活動をした。携帯用の拡声器を2台置き、マイクを握り、大声で政策を話した。

まず、私の名前、飯塚市内で弁護士を開業していることを紹介し、いきなり「クリーンな飯塚市政への転換を」「暮らしが第一の飯塚市政に転換を」と訴えた。

私は、告示（2月19日）前は、街頭では私に一票を入れてほしいという言葉を使わなかったし、市長選挙に立候補を予定していることさえも言わなかった。

「飯塚市長候補　小宮まなぶ」と書いた肩からかけるタスキを2本作ったが、告示前は、「飯塚市長候補」の部分に白いテープを貼り付けて隠した。

私は、公職選挙法第129条に違反しないように、細心の注意を払ってマイクを持った。

告示前の2月17日午前に、小倉南法律事務所の高木健康《たてやす》弁護士が応援演説に、同日午後から福岡市の名和田茂生弁護士が応援演説に来た。

高木弁護士と共に、飯塚市役所前交差点で街頭宣伝活動をした。

高木弁護士が、マイクで私が飯塚市長にふさわしい人格であることや賭けマージャン事件の真相究明が必要なことなどを語り、私が、クリーンな飯塚市への転換には、市4役（市長、副市長、教育長、上下水道事業管理者）や飯塚市議会議員の資産公開が必要なことや、市民の暮らしが第一の飯塚市政への転換には、保育所待機児の解消やコミュティバスの運行充実が必要なことなどを語った。

終了後、高木弁護士と私の話を聞いていた読売新聞の記者が、「今の街頭宣伝活動は、公職選挙法の事前運動の禁止にはあたらないのですか」と質問してきた。高木弁護士は、「政治活動の自由です」と説明した。私は、「釈迦に説法かもしれませんが、あなた方の取材の自由はどこから来ているのか知っていますか。憲法21条の表現の自由から来ているのですよ。表現の自由は、国民の知る権利から来ています。したがって、今の街頭宣伝活動は、憲法21条の表現の自由に当たるのですよ」と説明した。記者は、「はい。わかりました」と答えていた。

ただ、読売新聞の記者がそんな質問を私にしてきたということは、片峯氏や小幡氏は、告示前は、マイクをもって政策を語る街頭宣伝活動はしていなかったということだろう。

②公職選挙法143条17項

私の陣営には、飯塚警察署からの電話による注意が何度かあった。

告示前の2月15日午前9時ごろ、たまたま私は選挙事務所にいた。

私は、同日午前7時30分から「小宮まなぶ」とだけ書いたタスキをかけて、「小宮まなぶ」とだけ書いた横断幕を掲げて、小学生に「気を付けて学校にいってらっしゃい」と声をかけた。8時からハンドマイクを使って、政策を訴え、8時45分ごろ、選挙事務所に行った。

午前9時ごろ、飯塚警察署刑事課知能犯係から、「小宮まなぶ」と書いた横断幕が、「縦150センチメートル、横40センチメートルを超えている」との注意だった。いきなり注意するので、まず、名を名乗れと言ったら、飯塚警察署刑事課知能犯係の○○ですと言われた。

思わず、「お前は、憲法21条を知らないのか」と怒鳴りたくなるのをぐっと我慢して、私は「はい、はい」と言って、電話を切った。

事務所に帰った折り、公職選挙法143条17項を調べた。

「立札及び看板の類は、縦150センチメートル、横40センチメートルを超えないものであり、かつ、当該選挙に関する事務を管理する選挙管理委員会の定めるところの表示をしたものでなければならない」とあった。

要するに、立札及び看板の類は、幟はいいが、横断幕はいけないとの規定だ。

なぜ、幟はよくて、横断幕はいけないのか。公職選挙法143条17項は、憲法21条に反している。

③公職選挙法178条（選挙期日後の挨拶行為の制限）

公職選挙法178条によれば、「当選又は落選に関し、選挙人に挨拶する目的をもって文書図画を頒布し又は掲示すること」は、禁止されている。

私の選挙準備中から飯塚警察署に目をつけられていると感じていたので、選挙人（飯塚市民）以外には、落選の挨拶状を出したが、選挙人には、落選の挨拶状を出さなかった。可能な限り、電話でお礼を言った。

なぜ、飯塚市民に落選の挨拶状を出していけないのか。公職選挙法178条は、憲法21条に反している。

末川博先生のこと

前書『筑豊じん肺訴訟 ― 国とは何かを問うた18年4か月』でも書いたが、私は関西学院大学2年の時、立命館大学で開催された末川杯争奪法律討論会に立論者として出場した。

末川杯争奪法律討論会の末川博先生というのは、1933年に起きた滝川事件（いわゆる京大事件）で、文部省から京都帝国大学を追われた民法学の大家である。

日本が国際連盟を脱退した１９３３年、京都帝国大学の滝川幸辰《ゆきとき》法学部教授が、中央大学で行った講演の中で、トルストイの思想を「犯罪は国家の組織が悪いために起きる」などと説明したが、これが当時の文部省で「無政府主義的」として問題化したことに端を発する事件である。その後、文部省は滝川教授の休職処分を強行した。これに反発して、法学部の全教官が辞表を提出し、うち滝川教授ら７人が辞職に追い込まれた。これが滝川事件である。末川博先生は辞職に追い込まれた一人だった。一説によると、滝川事件は、末川博先生を京都帝国大学から追放することが目的だったともいわれている。

末川博先生は、戦後は、長く立命館大学の総長を務められ、教育や平和運動の中心的存在だった。

末川先生は、病床にあって末川杯争奪法律討論会には出席されなかったが、後に色紙を送っていただいた。末川博先生は、翌年2月26日に亡くなられた。末川博先生は、生涯、たくさんの色紙を書かれたと聞いているが、私がいただいた色紙は、おそらく最後の色紙だろう。

新聞は、末川先生の死を「明治生まれのリベラリスト」と一面トップで報じた。

色紙には、

「法の理念は正義であり、法の目的は平和である。

だが、法の実践は社会悪とたたかい、時代の逆流とたたかい、自分自身とたたかう闘争である。

小宮学君のために

１９７６年初冬　末川　博」

と書かれている。

たった1枚の色紙が人を変える。私は色紙をいただいてから、弁護士を志した。

今は「時代の逆流」にある

今は、京大事件（滝川事件）のころと同じく、時代の逆流にあるのではないか。

話し合っただけで罪になる「テロ等準備罪」を新設する改正組織犯罪処罰法が、6月15日午前8時ころ、参議院本会議で自民、公明両党と日本維新の会などの賛成多数で可決、成立した。

犯罪の実行行為後に処罰するという刑法の大原則を変えるという最重要法案であるにもかかわらず、参議院ではほとんど討論が行われない中、参議院法務委員会での採決を省略する「中間報告」を行い、参議院本会議で強行採決された。

民主主義の否定であり、参議院の自殺行為である。

国連プライバシー権に関する特別報告者ジョセフ・ケナタッチ氏が、5月18日、共謀罪（テロ等準備罪）に関する法案は、プライバシーや表現の自由を制約するおそれがあると懸念する書簡を安倍首相宛に送付された。

書簡では、法案の「計画」や「準備行為」の文言が抽象的であり恣意的な運用のおそれがあること、対象となる犯罪が幅広く、テロリズムや組織犯罪と無関係のものを含んでいることを指摘し、いかなる行為が処罰の対象となるのか不明確であり、刑罰法規の明確性の原則に照らして問題があるとしている。

これに対し、日本政府は、「『共謀罪』は国際組織犯罪防止条約を結ぶために必要だ」と前提を述べ、

「なぜ187の締結国にも懸念を表明しないのか」とケナタッチ氏をなじっている。

ジョセフ・ケナタッチ氏は、国際連合の委嘱をうけた人物だ。

6月6日付朝日新聞朝刊に東京大学教授で歴史学者の加藤陽子さんの「国連報告者に反発　重なる戦前」との見出しの共謀罪反対の記事が掲載された。

加藤陽子さんは、今回の日本政府のジョセフ・ケナタッチ氏に対する抗議は、1931年の満州事変後、リットン卿が国際連盟の委嘱で発表した「リットン調査団」報告書を日本政府が抗議したのと酷似していると指摘されている。

その後、日本は国際連盟を脱退し、アジア・太平洋戦争に突き進んでいった。

私は、京大事件（滝川事件）のころと同じく、ものが言えない社会、戦争に反対できない社会になろうとしているとの危機感を抱いている。

『暗黒日記』（清沢洌《きよし》著、橋川文三編、ちくま学芸文庫）という本がある。この本を読むと、清沢洌には日本が敗戦することの情報が入っていたことがわかる。しかし、清沢洌をはじめ、誰一人、ものが言えなかったこと、戦争を止められなかったことがよくわかる。

森友学園の経営する幼稚園で幼稚園児に教育勅語の素読をさせていることが判明した。教育勅語は1948年、国会で、「主権在君並びに神話的国家観に基づいている」ことから、基本的人権を損なうなどとして、排除・失効された。教育勅語がアジア・太平洋戦争を引き起こした。それを、何もしらない幼稚園児に素読させるとは、何事か。

安倍内閣は、どさくさに紛れて、教育勅語について、「憲法や教育基本法等に反しないような形で教材として用いることまで否定されることはない」との答弁書を閣議決定した。

教育勅語は、朕（天皇）が臣民に呼びかけたものだ。「父母ニ孝ニ兄弟ニ友ニ 夫婦相和シ」から始まり、「一旦緩急《かんきゅう》アレハ義勇公《こう》ニ奉シ以《もっ》テ天壌《てんじゅう》無窮《むきゅう》ノ皇運《こううん》ヲ扶翼《ふよく》スヘシ」とある。戦前までの解釈では、「父母ニ孝ニ」とは親には無条件に従えという意味であり、「兄弟ニ友ニ」とは長兄に従えという意味であり、「夫婦相和シ」とは妻は夫に従えという意味であり、さらに「戦争が起こったら兵隊に行って戦い、皇国の繁栄に尽くすべきだ」と言っている。すべてが封建思想である。

戦後、刑法２００条の尊属殺人規定は、憲法14条の定める法の下の平等に反するとの最高裁判所大法廷判決が出され、同条は削除された。

戦前は、女性には、選挙権はなく、民法上「無能力者」とされていた。

封建思想が、憲法14条が定める法の下の平等に反することはわかりきったことだ。

教育勅語には、最後に国家の為に尽くし、天皇を扶翼すべしとある。教育勅語のすべてが、憲法や教育基本法に反するに決まっているではないか。

私は、飯塚市長選挙に敗れた。しかし、弁護士である限り、基本的人権の擁護と社会正義の実現（弁護士法１条）を目指し、末川博先生の教えを守り、時代の逆流と闘い、自分自身と闘う。

主な参考文献

末川博『彼の歩んだ道』岩波新書、1965年
吉田満『提督伊藤整一の生涯』文藝春秋、1977年
末川博先生追悼文集編集委員会編『追想 末川博』有斐閣、1979年
松本洋一『爆発のあと』1983年
松本洋一『輿にのる人かつぐ人』1987年
池波正太郎『真田太平記』全12巻、新潮文庫、1988年
松本洋一記念誌刊行委員会編『追想 松本洋一――駆け抜けた人生』1992年
清沢洌著、橋川文三編『暗黒日記』3巻、ちくま書房、2002年
なくせじん肺筑豊の会編『俺たちはボタじゃない』2006年
柳田邦男『人の痛みを感じる国家』新潮社、2007年
小宮学『筑豊じん肺訴訟――国とは何かを問うた18年4か月』海鳥社、2008年
梶村晃『戦争とアジアと日本を知る本』労働大学出版センター、2008年
松岡肇『日中歴史和解への道』高文研、2014年
梶村晃『教育労働運動を語り継ぐ』海鳥社、2017年5月
飯塚市政治倫理審査会「意見書」2012年版、2013年版、2015年版
飯塚市政治倫理審査会「審査報告書」2017年1月
朝日新聞、西日本新聞、毎日新聞、読売新聞（いずれも筑豊版）

【略歴】

1955年6月	21日に福岡県みやま市（旧高田町）にて出生
1967年4月	高田町立高田中学校。軟式テニス部の主将、福岡県で団体戦3位、4郡市（三池郡、山門郡、柳川市、大川市）大会で個人戦優勝
1970年4月	福岡県立大牟田北高等学校
1975年4月	関西学院大学法学部法律学科。法律研究部の部長、2回生時に末川杯争奪法律討論会に出場し、末川博先生から色紙をいただく。弁護士を志す。
1979年4月	牛乳配達のアルバイト（～同年7月）
1979年8月	小・中学校の夜警警備員のアルバイト（～1982年8月
1982年	司法試験合格
1985年4月	弁護士登録（久留米第一法律事務所に入所）
1988年1月	筑豊じん肺をするため筑豊合同法律事務所に入所（以来、2004年4月の最高裁判決まで18年4か月、訴訟にエネルギーを注ぎ込む）
1991年12月	筑豊じん肺弁護団事務局長に就任
1995年4月	福岡県弁護士会筑豊部会の部会長（～1999年3月の4年間）
1996年4月	福岡地方裁判所飯塚支部および飯塚簡易裁裁判所民事調停委員（～2006年3月の10年間）
2005年4月	西日本石炭じん肺訴訟1陣を福岡地裁と熊本地裁に提訴（西日本石炭じん肺訴訟副団長）
2004年4月	「筑豊労災病院を存続・充実し、地域医療を守る会」に参加。筑豊労災病院は飯塚市立病院となる（～2007年）
2006年	合併後の巨大飯塚市議会のリコール運動に参加。飯塚市議会を解散させる（～2007年）
2006年4月	福岡県立大学監事（～2012年3月の6年間）
2008年8月	小宮法律事務所を開設
2009年2月	小宮法律事務所を法人化し、弁護士法人いいづか小宮法律事務所となる

【趣味】　登山
3坪の畑の家庭菜園
読書
カラオケ（十八番は「刃傷松の廊下」、「織江の唄」、「夢千代日記」）

妻と長男と二人の娘と犬1頭ともに飯塚市に暮らす

野林信行弁護士（右）とともに

我《われ》、市長選《しちょうせん》に挑戦《ちょうせん》す
クリーンで暮《く》らしが第一《だいいち》の飯塚市政《いいづかしせい》を目指《めざ》して

■

2017年８月10日　第１刷発行

■

小宮学（こみや・まなぶ）

■

発行者　杉本雅子
発行所　有限会社海鳥社
〒812-0023　福岡市博多区奈良屋町13番４号
電話092（272）0120　FAX092（272）0121
印刷・製本　九州コンピュータ印刷
ISBN 978-4-86656-009-0
http://kaichosha-f.co.jp/
［定価は表紙カバーに表示］